VIE

DE

SAINT MARTIN

ÉVÊQUE DE TOURS

PAR

Mgr L'ÉVÊQUE DE CÉRAME

TOURS

IMPRIMERIE A. MAME

1864

VIE

DE

SAINT MARTIN

ÉVÊQUE DE TOURS

2376

VIE

DE

SAINT MARTIN

ÉVÊQUE DE TOURS

PAR

Mgr L'ÉVÊQUE DE CÉRAME

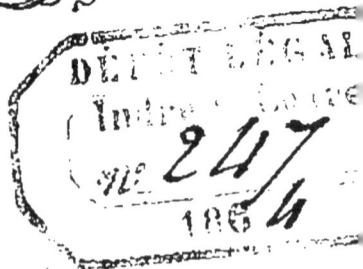

TOURS

IMPRIMERIE A. MAME

—

1864

CIRCULAIRE

DE MONSEIGNEUR

L'ARCHEVÊQUE DE TOURS

A SON CLERGÉ

———•———

Tours, le 6 Août 1864.

MESSIEURS ET CHERS COOPÉRATEURS,

Dieu continue à bénir le projet
que j'ai formé de rétablir à Tours
la basilique de Saint-Martin. Cette
grande œuvre poursuit sa marche.

Les offrandes de la piété ne cessent pas de nous arriver. L'église provisoire ouverte depuis peu de temps est déjà fréquentée par de nombreux pèlerins qui viennent honorer le saint tombeau. Nous avançons ainsi vers le moment si désiré où nous verrons s'élever les murs de la nouvelle église.

Mais l'édifice matériel n'est pas seul l'objet de ma sollicitude. Je dois me préoccuper autant et plus encore du soin d'augmenter le culte et de propager la dévotion envers le saint Apôtre des Gaules. C'est dans ce but que j'ai prié un vénérable prélat de mes amis, qui est venu passer quelque temps auprès de moi, d'écrire une *Vie* de saint Martin appropriée aux besoins du moment présent. Mgr l'Évêque de Cérame, qui a publié autrefois une Vie de saint Liguori connue de tous, et qui professe pour saint Martin une dévotion particulière, a bien voulu consentir à nous donner cette nouvelle *Vie*, dégagée de toute discussion et répondant au dessein que je me propose.

Nous possédons déjà plusieurs Vies

savantes de saint Martin, celle de Dom Gervaise et celle de M. l'abbé Dupuy; elles seront toujours recherchées par le lecteur qui a des loisirs et qui veut étudier plus à fond cette partie de notre histoire.

Mais il m'a semblé que les circonstances actuelles demandaient une *Vie* qui réunît à d'autres mérites celui d'une plus grande concision sans rien omettre d'essentiel, et qui pût, par le volume et par la forme, devenir populaire. Je crois que ce but sera atteint par la publication que je vous annonce.

La nouvelle *Vie* sera bientôt suivie d'une neuvaine *d'Entretiens* sur les vertus de saint Martin par le même prélat. Ce second travail, imprimé à part, deviendra comme le complément du premier.

Je fais appel à votre zèle et à votre piété envers saint Martin, Messieurs et chers Coopérateurs, pour répandre dans vos paroisses ces deux opuscules, et faire ainsi mieux connaître et plus fidèlement pratiquer les vertus de notre saint protecteur. Ce sera travailler à la restauration de la foi et de l'esprit religieux parmi les peuples.

Recevez, Messieurs et chers Coopérateurs, l'assurance de mon affectueux attachement.

† J.-HIPPOLYTE,

ARCHEVÊQUE DE TOURS.

VIE

DE

SAINT MARTIN

VIE

DE

SAINT MARTIN

ÉVÊQUE DE TOURS

—◦◦◦◦◦◦—

Saint Martin naquit vers l'an 316, Naissanc de S. Mart.
à Sabarie, colonie romaine en Panno-
nie, aujourd'hui Sarwart en Hongrie.
Ses parents étaient d'une condition
assez distinguée et idolâtres. Peu de
temps après sa naissance, ils le con-
duisirent dans le Milanais, où le service militaire appelait son père, tribun
dans les armées de l'empire.

Ils résidèrent à Pavie, et c'est là Son éducat à Pavie.
que Martin reçut sa première éduca-

tion. Il allait à l'église, malgré ses parents, et, à peine âgé de dix ans, il demanda à être reçu au rang des catéchumènes. Il y fut admis, et, dès ce moment, l'inspiration secrète de la grâce le portait tout entier aux choses de Dieu. Déjà, à l'âge de douze ans, la vie sainte des solitaires avait touché son cœur, et il eut la pensée d'aller lui-même se vouer exclusivement à la solitude; mais sa grande jeunesse et la volonté de son père l'empêchèrent d'exécuter ce dessein prématuré. Il ne l'abandonna pas pour cela : la vie solitaire et l'église furent même l'objet de ses préoccupations habituelles.

n entrée le service ilitaire. Cependant, ayant atteint sa quinzième année, il fut obligé de prendre des engagements opposés à ses inclinations. On avait renouvelé et on mettait à exécution un édit des empereurs, qui prescrivait aux enfants des vétérans d'entrer dans la milice. Son père, qui n'estimait rien tant que la carrière des armes, et qui voyait d'un œil défavorable les dispositions de son fils, le présenta lui-même de vive force pour être enrôlé dans l'armée et prêter le serment requis par les lois militaires.

Martin se soumit à contre-cœur à cette nécessité. Il fut engagé dans la cavalerie. On avait attaché un domestique à son service personnel ; il le traita comme son égal, et l'admit à prendre ses repas avec lui. Il se fit souvent lui-même son serviteur, jusqu'à lui ôter sa chaussure et la nettoyer.

Son genre
de vie
à l'armée.

Le jeune catéchumène, jeté ainsi malgré lui au milieu de la licence des camps, justifia par l'exemple de toutes les vertus chrétiennes ses aspirations au saint baptême. La sainteté de sa vie parmi tant d'occasions de chute et dans un si jeune âge, indiquait à ses compagnons d'armes une fermeté dans le bien qui leur paraissait au-dessus des forces humaines. Il avait conquis leur admiration, et il se concilia leur attachement par sa déférence et sa charité envers eux, non moins que par sa patience et par sa modestie. Ils l'affectionnaient, en le respectant, et ils étaient frappés d'une telle impression en voyant son extrême sobriété, qu'ils honoraient en lui l'austérité d'un moine sous l'habit d'un soldat. Ils n'étaient pas moins touchés de sa générosité pour les pauvres, et de sa compatissance pour toutes sortes de malheureux. Ame sensible et charitable, il avait un attrait particulier pour tous ceux qui souffrent. Aux consolations et au bienveillant intérêt qui adoucissent les peines du cœur, il savait ajouter les secours qui soulagent l'indigence. Il partageait sa solde avec les pauvres, ne se réservant que le strict nécessaire pour ses besoins.

Un jour, à la suite d'une marche pénible, au milieu d'un hiver rigoureux, il rencontre, aux portes d'Amiens, un pauvre demi-nu et transi de froid, qui demande l'aumône aux passants. Aucun de ceux-ci ne donne

Il donn
moitié d
manteau
pauvr

rien à cet infortuné, et tous continuent
leur chemin sans paraître ressentir la
moindre pitié. Cette indifférence de
tous ses camarades dit au cœur de
Martin que c'est à lui de remplir le
devoir de la charité ; mais il avait
déjà donné sa dernière pièce de monnaie ; alors que fait-il ? Il tire son
épée, coupe en deux son manteau, en
jette une moitié sur le pauvre et se
revêt lui-même de l'autre moitié. En
le voyant ainsi couvert d'un reste de
manteau, plusieurs de ses compagnons d'armes se prirent à rire et à
plaisanter ; mais d'autres, au lieu
de se laisser aller à des railleries,
furent touchés de tant de charité, et
exprimèrent le regret de n'avoir pas
prévenu par leur aumône un acte

de générosité aussi extraordinaire.

Mais, la nuit suivante, Martin eut une vision pendant son sommeil : il vit Jésus-Christ lui apparaissant revêtu de son manteau, et il l'entendit qui lui disait : « Considère-moi, Martin, « sous ce vêtement dont tu m'as cou- « vert; » puis, s'adressant d'une voix haute aux anges qui l'entouraient, il leur dit : « Martin, n'étant encore « que catéchumène, m'a revêtu de « ce manteau. » Ainsi se révélait à l'esprit de Martin, sous une figure saisissante et surnaturelle, la vérité de cette parole du divin maître : « Tout ce que vous aurez fait au « moindre des pauvres, c'est à moi- « même que vous l'aurez fait. » En mémoire de ce grand acte de charité

Jésus-Ch
lui appar
revêtu
de la mc
du mante

à jamais célèbre dans les fastes de l'Église, on construisit dans la suite, au lieu où il fut accompli, un oratoire et plus tard un monastère qui a porté, pendant des siècles, le nom de notre saint.

reçoit
ptême.

L'apparition dont il fut favorisé en récompense de sa générosité, ne put manquer de faire une grande impression sur son esprit. En le confirmant dans ses dispositions charitables pour le prochain, elle ranima son zèle pour la religion, et le détermina à demander la grâce du baptême, qui lui fut accordée. Il avait alors dix-huit ans. Devenu chrétien, il eût voulu quitter aussitôt le service militaire; mais son tribun était son ami intime, et il lui avait promis de renon-

cer au monde pour suivre Jésus-Christ,
à l'expiration du temps assigné à son
tribunat. Martin céda aux prières de
son chef, et cela, pour lui être agréable
aussi bien que pour assurer encore
mieux l'accomplissement d'une promesse chère à une sainte amitié. Il
consentit à rester dans la milice jusqu'à l'époque fixée. Cependant il
était si profondément pénétré des
obligations de son baptême, qu'après
l'avoir reçu il ne vécut que pour
Dieu, ne se préoccupant plus de sa
carrière militaire qu'avec le désir de
la quitter pour se vouer exclusivement
aux œuvres de la vie chrétienne. Il
attendait avec impatience le moment
où il lui serait donné d'être à Jésus-
Christ sans partage.

Cette ambition de n'avoir plus à
servir qu'un seul maître, se manifesta
avec éclat dans une circonstance décisive. Les Germains venaient de faire
une irruption dans les Gaules; on
fit marcher l'armée contre eux. A
cette occasion, le César Julien fit,
selon l'usage, des distributions d'argent aux soldats pour les disposer à
combattre vaillamment. Martin refusa
des largesses qui ne lui semblaient
pas méritées par celui qui voulait
se retirer du service. Il motiva son
refus en déclarant qu'il était résolu
à ne plus servir que sous l'étendard de Jésus-Christ, et demanda en
même temps son congé. Cette déclaration et cette demande excitèrent la
colère de César : « C'est par lâcheté,

répondit-il d'un ton qui indiquait le courroux et le mépris, c'est par lâcheté que tu veux te retirer la veille d'une bataille; la religion n'est qu'un prétexte. » A cette accusation de lâcheté hypocrite, l'intrépide guerrier contint le sentiment de l'honneur méconnu, et, sans se départir de sa douceur, il répliqua en ces termes : « Demain mettez-moi sans « bouclier, sans casque et sans ar- « mes, le premier en face des bar- « bares, et, muni seulement du signe « de la croix, je m'élancerai sans « crainte au milieu de leurs rangs. » Julien parut ne pas s'arrêter à ces paroles; mais avec l'intention évidente de livrer le lendemain Martin aux coups inévitables des ennemis, il ordonna qu'ont le mît en prison.

Dans la nuit, les barbares envoyèrent des députés pour faire leur sou-
mission, et le lendemain, au lieu d'un
combat sanglant, il y eut les fruits
de la victoire sans combat, et la
paix. Cet événement a été considéré
par Sulpice Sévère comme un effet
de la protection divine sur notre
saint. « Qui doutera, dit-il, que
« cette victoire ne soit due au saint
« homme que le Seigneur ne voulait
« point envoyer sans armes au com-
« bat? Et quoique ce bon maître
« eût bien la puissance de protéger
« son soldat, même contre les épées
« et les traits des ennemis, cepen-
« dant, pour que ses yeux ne fussent
« pas souillés par la vue du sang,

« il empêcha le combat. En effet,
« si le Christ devait accorder la vic-
« toire en faveur de son soldat, ce
« ne pouvait être qu'en empêchant
« toute effusion de sang par la sou-
« mission volontaire de l'ennemi,
« sans qu'il en coûtât la vie à per-
« sonne. » Ce langage, qui respire la
mansuétude de l'Église et son horreur du sang, explique aussi, par ce
même sentiment, pourquoi Martin,
malgré sa fidélité et son courage, demande son congé à la veille d'une
bataille.

La paix accordée aux mérites de
Martin le fut surtout dans l'intérêt de
sa vocation religieuse ; car sa libération du service militaire s'ensuivit immédiatement. Il alla d'abord à Trèves,

près de l'évêque saint Maximin, avec
qui il entreprit le pèlerinage de Rome,
comme pour offrir à Dieu, près des tombeaux des saints apôtres, le premier
hommage de sa liberté. Les deux pèlerins retournèrent ensemble à Trèves,
où leurs bâtons de voyage ont été longtemps conservés parmi les reliques du
monastère de saint Maximin.

Il va
à Poitiers
auprès
d'Hilaire.

Toutefois la grâce conduisit bientôt
Martin à Poitiers, auprès de saint Hilaire, dont le caractère, la doctrine,
l'éloquence et les vertus excitaient
l'admiration du monde entier. Lumière des Gaules, Hilaire était dans
l'Occident un autre Athanase, et il fut
le maître que Dieu destina à Martin.
Ce grand évêque comprit bientôt son
disciple, il n'eut pas de peine à le di-

riger vers la perfection et à l'élever
toujours plus en mérites ; aussi voulut-
il l'attacher définitivement à son église
en l'ordonnant diacre. Mais l'humilité
de Martin s'en alarma ; il refusa le dia-
conat, et consentit seulement à recevoir l'ordre d'exorciste.

Heureux de la discipline à laquelle
il était soumis et plus heureux encore des mérites qu'il lui était donné
d'acquérir dans le service de l'Église,
Martin semblait avoir trouvé sa place en
ce monde, lorsque, dans son sommeil,
un songe lui survint qui sembla lui
apporter un ordre du Ciel. Il avait
entendu d'en haut une voix à laquelle
son cœur de fils faisait écho, et, sous
cette double inspiration de la grâce et
de la nature, il se sentit pris d'un grand

Il veut all[...]
en Panno[...]

désir d'aller dans sa patrie visiter ses parents encore idolâtres. Ils étaient l'objet de sa plus haute charité envers le prochain, et il était pressé de la pensée comme du besoin de les convertir à Jésus-Christ. Cela pouvait être une illusion, ayant le danger de le détourner de sa voie de sanctification; mais Hilaire a examiné le projet, et il a permis à Martin de partir sous promesse de retour. Cette promesse avait été demandée avec des instances et même avec des larmes qui attestent le jugement du saint évêque sur Martin, et l'affection qu'il lui portait.

Il est arrêté par une bande de voleurs.

Martin se sépara de son maître avec un serrement de cœur et une insurmontable tristesse. Il avait de plus le pressentiment de quelque rencontre

malheureuse. En effet, en passant les
Alpes, il tomba entre les mains d'une
bande de voleurs. Déjà un d'entre
eux, brandissant une hache sur sa tête,
allait le frapper, quand un autre lui
retint le bras. Les mains liées derrière
le dos, Martin fut conduit par un des
brigands dans un lieu écarté pour être
dépouillé, sinon laissé sans vie, loin
de tous les regards. Là l'homme qui
le tenait en son pouvoir lui dit : « Qui
es - tu ? — Je suis chrétien, répondit le captif. — Est-ce que tu n'as
pas peur ? lui dit encore le brigand. —
« Je n'ai jamais été plus tranquille, lui
« répliqua Martin ; je me confie dans
« la bonté du Seigneur, et, quoi qu'il
« arrive, je ne crains rien pour moi ;
« mais pour vous, je crains d'autant

« plus que je vous vois engagé dans
« une vie criminelle, qui vous rend in-
« digne de la grâce de Jésus-Christ. »
Et il se mit tout de suite à exposer la
doctrine du christianisme. Le brigand
l'écoutait avec étonnement, il admirait
surtout le calme et le courage de son
captif; puis il se sentit de plus en plus
pénétré des sentiments que celui-ci voulait lui inspirer, et il crut à la parole de
Dieu qui lui était annoncée. Alors il délivra Martin de ses liens, l'accompagna
quelque temps, pour le remettre sur
la voie, et ne le quitta qu'après s'être
recommandé à ses prières. Le voleur
avait été entièrement converti par Martin dans les liens, comme le bon larron
le fut par Jésus-Christ sur la croix. A
la suite de cette conversion, le brigand

voulut se faire moine, et c'est de lui que l'on croit tenir le récit de cet incident de la vie de notre saint.

Sulpice-Sévère raconte que Martin, ayant repris sa route, avait dépassé Milan, lorsqu'il eut une rencontre abominable. Un homme se présenta devant lui sur la route, et lui demanda où il allait. « Je vais où le Seigneur m'appelle, » répondit le saint. Alors, d'un ton irrité, son interlocuteur ajouta : « Eh bien! partout où tu iras, quelles que soient tes entreprises, tu me trouveras toujours sur ton chemin pour les traverser. — Le Seigneur est ma force et mon appui, répliqua Martin; que puis-je craindre? » A cette réplique animée d'une sainte confiance en Dieu, le personnage menaçant ne

Il rencont
le démo
sur sa rou

put résister, et, dépouillant sa forme empruntée, il s'évanouit comme une fumée. C'était le démon.

Enfin Martin arriva à Sabarie. Il y trouva ses parents, et voulut les convertir à la foi chrétienne. Il eut la douleur de ne pouvoir arracher son père aux ténèbres de l'infidélité; mais ses efforts ne furent pas stériles pour tous. Dieu lui accorda de réussir auprès de sa mère et de ses deux oncles. Il gagna aussi à Jésus-Christ sept de leurs fils, qui plus tard vinrent se réunir à lui, vivre et mourir saintement dans son monastère de Marmoutier.

L'hérésie d'Arius avait fait des progrès effrayants. Elle était surtout répandue dans l'Europe orientale. En l'état des esprits, à cette époque troublée par les persécutions des empereurs et par la défection d'un grand nombre de ministres de l'Église, la vérité réclamait pour sa défense le zèle de toute âme chrétienne ; car la divinité de Jésus-Christ était en cause, et par conséquent le christianisme lui-même. Martin était trop fervent dans sa foi pour se taire et rester dans l'inaction en présence d'un si grand scandale. Il alla en Illyrie, où l'erreur prévalait, et il éleva la voix pour la combattre de tous ses moyens. Les hérétiques, qui dominaient en nombre et en puissance dans ce pays, n'étaient pas accoutumés à trouver des contradicteurs. Les mauvais traitements furent de la part de ces sec-

Il est battu de verges.

taires les réponses adressées à celui qui s'élevait contre l'arianisme. Il fut publiquement battu de verges, et chassé de la province. Il retourna en Italie avec la pensée d'aller de là rejoindre Hilaire à Poitiers. Mais, ayant appris que ce généreux évêque, exilé pour la foi, avait laissé les Gaules dans une grande agitation, Martin, se rendit à Milan dans l'espoir d'y trouver un asile pour pratiquer les observances et les austérités de la vie monastique.

Établit
monastère
Milan.

Déjà sa petite communauté s'établissait à Milan; mais il n'y voulut pas rester sans professer hautement la véritable foi, et la défendre avec courage contre l'hérésie, alors maîtresse de tout dans cette ville, dont le siége épiscopal avait été usurpé par l'arien

Auxence. Aussi Martin fut bientôt ex-
pulsé de Milan par les hérétiques, également alarmés et irrités de son zèle. Il
partit, accompagné d'un prêtre fidèle
à la saine croyance, et alla avec lui se
réfugier dans une petite île nommée
Gallinaria, sur la côte de la Ligurie,
à l'occident de Gênes, vis-à-vis Albenga (1). Ils y vécurent dans une ri-
goureuse abstinence, ne se nourrissant
que d'herbes et de racines sauvages.
Un jour, il mangea d'une plante véné-
neuse qu'il ne connaissait pas : c'était
une variété de l'ellébore très-commune
dans ce pays. Il ressentit bientôt les
funestes effets du poison qui s'insinuait
dans ses veines : il voyait déjà la mort

Son séjour
à l'île
Gallinaria

(1) Aujourd'hui Isoletta d'Albenga, sur la côte de
Gênes, dite rivière du Ponent, ou de l'Ouest.

s'approcher; mais il conjura par la prière, dit Sulpice-Sévère, ce péril imminent, et le mal cessa dès qu'il eut prié.

Il rejoint
S. Hilaire.

Sa guérison coïncida presque avec la nouvelle du prochain retour de saint Hilaire dans son pays et de son rétablissement sur son siége. Pensant que son maître était encore à Rome, Martin se hâta de s'y rendre, mais il ne l'y trouva plus; alors il prit tout seul la route des Gaules, en accélérant sa marche pour l'atteindre avant son arrivée à Poitiers. Il put enfin le rejoindre en route. Ce fût pour Martin un grand bonheur d'avoir retrouvé son maître, fort heureux lui-même de serrer dans ses bras ce disciple si digne de lui, et qu'il avait été cher-

cher inutilement sur les côtes de la
Ligurie : leurs âmes s'accordaient si
bien pour l'amour et le service du
Seigneur! Il y avait d'un côté tant
d'autorité et de doctrine, de l'autre
tant de docilité et de bonne volonté,
et dans tous les deux un si grand zèle
pour l'Église, et un si grand désir de
leur sanctification!

Hilaire a exprimé les pensées de
son génie dans ses livres, il va maintenant écrire surtout les pensées de
son cœur dans l'âme de Martin, et cet
autre ouvrage, travaillé sous les plus
hautes inspirations de la grâce, ne
contiendra pas les pages les moins
admirables de l'illustre docteur.

Un attrait qui avait précédé sa naissance à la vie spirituelle, qui se repro-

duisit comme une irrésistible vocation après son baptême, indiquait dans Martin comme un besoin inné de solitude austère et pieuse. Il fallait à cette grande âme autre chose que le monde et ses trompeuses félicités; il lui fallait Dieu lui-même dans la vie du cénobite ou de l'anachorète. Il a déjà essayé ailleurs de cette vie; mais à Poitiers, il lui est donné de l'embrasser définitivement, sous la direction de saint Hilaire.

Il fonde le monastère de Ligugé.

Il y avait à quelques milles de la ville un lieu appelé *Locociagum* (aujourd'hui Ligugé); Martin y construisit un monastère, le plus ancien des Gaules, et qui a été regardé comme le berceau de la vie monastique dans notre patrie.

Dans le commencement, ceux qui y
habitaient n'étaient pas tous moines;
on y recevait des laïques, attirés par la
bonne odeur des vertus qu'on y pra-
tiquait; on y recevait même des catéchumènes qui venaient pour se faire
instruire de la religion et se préparer
au baptême. Parmi ceux-ci se trouvait
un jeune homme qui fut atteint d'une
fièvre violente, dont la marche fut si
rapide et les effets si imprévus, qu'il
mourut subitement avant qu'on eût
le temps de lui conférer le baptême.
Notre saint était absent pendant cette
maladie; il trouva à son retour les
frères qui se succédaient pour faire
des prières auprès du cadavre étendu
au milieu d'une des pièces de la maison, et qu'on allait ensevelir. A cet

Il ressuscit
un mort.

aspect, Martin est saisi d'une vive douleur; il fond en larmes, en songeant que cet infortuné est sorti de la vie sans avoir reçu le sacrement de la régénération. Enfin, frappé d'une lumière surnaturelle, Martin ordonne à tout le monde de sortir, et, se prosternant à l'imitation du prophète Élisée, il implore la toute-puissance de Dieu pour que la vie soit rendue à ces restes inanimés. Il avait ses regards fixés sur le visage du défunt, et attendait avec confiance l'effet d'une prière prolongée pendant deux heures, lorsque ces membres qui étaient morts font un mouvement, et ces yeux qui étaient éteints s'ouvrent à la lumière. Alors, transporté de joie, Martin fait éclater sa voix en accents d'actions de grâces. Les frères accourent à ce bruit, et retrouvent leur mort plein de vie. Le ressuscité vécut encore plusieurs années.

Il raconta souvent ensuite qu'aussitôt après sa mort il avait comparu devant le souverain juge, et avait été condamné à habiter avec d'autres âmes des régions ténébreuses où on le conduisait, quand deux anges, de ceux sans doute qui, selon la sainte Écriture, offrent à Dieu les prières des justes, vinrent, pour ainsi dire, réclamer en sa faveur au nom des prières de Martin. C'est alors que l'ordre fut donné de rendre le mort à la vie. Ainsi ce ressuscité traduisait en pensées intelligibles à lui-même et aux autres la vision qu'il avait eue des ju-

Vision
du ressusc

gements de Dieu. Son récit a été entendu de sa bouche par Sulpice-Sévère, qui le rapporte.

Cette résurrection d'un mort donna
une grande célébrité |au nom de
Martin; on le savait un saint, on le
regarda depuis comme un homme
puissant en œuvres et suscité extraor-
dinairement de Dieu pour remplir une
grande mission, que, dans la pensée
universelle, on lui attribuait déjà.
Tout annonçait en lui l'homme qui
devait, dans nos contrées, établir définitivement le christianisme sur les
ruines de l'idolâtrie. En attendant cet
immense résultat, la réputation de sa
puissance surnaturelle était de temps
en temps accrue par de nouveaux prodiges. Elle fut confirmée avec éclat

par la résurrection d'un autre mort. Il
passait par les terres d'un homme considérable, du nom de Lupicin. Tout à
coup le serviteur de Dieu entend des
cris lamentables poussés par un grand
nombre de personnes. Il en est ému, et
en demande la cause. On lui dit qu'un
des esclaves s'est donné la mort en se
pendant, et on l'introduit dans le lieu
où était le corps de ce malheureux.
Alors il demande à rester seul dans ce
lieu, il renouvelle les mêmes prostra-
tions et les mêmes prières qu'il avait
faites sur les restes sans vie du catéchumène de Ligugé. Bientôt après,
le visage du mort s'anime, ses yeux
se lèvent vers le ciel; il essaie, mais
en vain, de se soulever; puis, aidé de
la main de Martin, il se dresse sur ses

pieds et s'avance avec lui dans le ves-
tibule de la maison, en présence d'une
foule ravie de joie et d'admiration.

Les populations ne pouvaient détourner leur attention de cet homme
extraordinaire qui frappait tous les
yeux de si grandes merveilles. Une vénération universelle l'environnait, et
de tous côtés elle se manifestait à son
égard par des témoignages empreints
d'un tel caractère de confiance, que
déjà il ressemblait à un culte.

Son élévation
à l'épiscopat.
C'est au milieu de cette disposition
générale des esprits, que l'église de
Tours perdit son évêque, saint Lidoire, qui avait succédé immédiatement à saint Gatien, fondateur de
cette église. Le choix du nouvel évêque semblait indiqué par la proximité

et la renommée de Martin; mais il
était plus aisé de le choisir que de
l'arracher à sa chère solitude. On crut
pouvoir y réussir en tendant un piége
à sa charité. Un habitant de Tours,
nommé Ruricius, se chargea de le
prendre à ce piége, au moyen d'une
pieuse fraude. Il se présenta au monastère de Ligugé, et, se jetant aux
pieds de l'homme de Dieu, il le supplia de daigner sortir du monastère
pour guérir sa femme dangereusement
malade. Martin, sans se douter du stra-
tagème, cède à cette prière, et quand
il est à quelque distance hors du monastère, des gens placés en embuscade
s'emparent de sa personne, tandis
que d'autres, échelonnés le long de
la route, lui font escorte, et, malgré

lui, le conduisent à Tours sous bonne garde. Cela fait, les habitants de la ville et de la campagne se réunirent pour procéder canoniquement à l'élection. Cette opération rencontra cependant des difficultés. Il y eut dans l'assemblée quelques individus qui tâchèrent de faire exclure Martin. Son extérieur négligé, sa tête rase, ses habits grossiers et la mauvaise apparence de toute sa personne s'accordaient peu, disait-on, avec la dignité épiscopale. Parmi les prélats convoqués pour la circonstance, il y en eut même qui furent de cet avis. Cette absence de noblesse et de distinction dans sa tenue et dans son costume attestait, au contraire, aux yeux des fidèles, une vertueuse pauvreté et une profonde humilité. Inspiré

par sa confiance dans la sainteté de
Martin, le peuple avait un discernement
également sûr et élevé des qualités
solides qui font les bons évêques. Il ne
tint aucun compte de l'opposition, et
Martin fut élu à la presque unanimité.

A la suite de cette élection, les historiens ont rapporté un incident qui
témoigne d'une manière remarquable
des sentiments de la foule, par l'ap-
plication que l'on fit aux opposants
d'un passage imprévu de la sainte
Écriture. Le principal d'entre eux
s'appelait *Defensor*. Or, comme le lecteur ne pouvait pénétrer jusqu'à sa
place à travers une foule compacte,
un prêtre prit le livre avec une sorte
de trouble, et sans chercher l'endroit
qu'il fallait lire ce jour-là, il com-

mença par un verset des psaumes, le premier qui tomba sous ses yeux ; c'était celui-ci : *Vous avez tiré une louange parfaite de la bouche des enfants et de ceux qui sont encore à la mamelle, pour confondre vos adversaires et pour perdre vos ennemis, et leur* défenseur (1). A ces paroles, un cri général se fait entendre, les adversaires de Martin semblent désignés, nommés même, et c'est de la bouche des petits, du peuple, nourri spirituellement du lait de la doctrine, comme un enfant à la mamelle, que sort la louange parfaite pour élever le serviteur de Dieu et répondre victorieusement à ses adversaires confondus.

(1) Ps. VIII, 3.

Mais comment dire la vie incomparable de Martin devenu évêque? Sulpice-Sévère lui-même se déclare im-
puissant pour cette tâche. Il faudrait
pour la remplir parfaitement pouvoir
révéler le secret des vertus intimes de
Martin, et en donner la mesure. Mais
Dieu seul connaît ces vertus dont le
secret ne sera complétement mani-
festé que dans le ciel. Néanmoins elles
se montrent sur la terre par les actes
de la vie extérieure, et dans l'évêque
de Tours ces actes sont si éclatants,
si prodigieux et en si grand nombre,
qu'ils attestent dans sa vie du temps
un mérite qu'aucun éloge ne peut
atteindre, et dans sa vie de l'éternité
une gloire qu'ici-bas aucune langue
ne peut raconter ni aucun esprit con-

Sa vie
épiscopale.

cevoir. Il est toujours l'humble et pauvre moine, et il est de plus le grand évêque plus puissant que jamais en œuvres et en paroles. Il sait à l'austérité de l'un allier l'autorité et la bonté de l'autre. Son vêtement est encore aussi grossier qu'autrefois, sa pénitence aussi sévère, son dénûment aussi complet, et sa dignité n'est rehaussée que par sa vertu et par les travaux de son apostolat.

Il fonde le monastère de Marmoutier. Il habita d'abord une petite cellule près de l'église ; mais là le bruit des hommes arrive encore jusqu'à lui, et leurs visites trop fréquentes troublent son recueillement ; il veut pouvoir librement se dérober à la terre pour s'élever à Dieu. Il ne peut cependant s'éloigner trop de la ville à laquelle

l'attachent ses devoirs de pasteur;
mais il trouve le désert à deux kilomètres de distance, et il va fixer sa
demeure dans ce lieu solitaire, situé
entre la Loire et un rocher escarpé;
c'était comme une petite vallée res-
serrée par le fleuve, et telle alors, à
cause de la sinuosité du cours des
eaux, qu'on ne pouvait y arriver que
par un étroit sentier. Il y eut bientôt
auprès du saint évêque des disciples
qui se multiplièrent sous sa direction
jusqu'au nombre de quatre-vingts, et
formèrent ainsi le monastère si connu
sous le nom de Marmoutier.

Tous ceux qui étaient venus se placer sous la discipline de Martin imi-
taient ses exemples; ils étaient atta-
chés au service de son église, et ils

suivaient les observances monasti-
ques. Toute possession était commune. Personne ne pouvait posséder
en particulier, personne ne pouvait
vendre ou acheter pour soi. Le travail des frères encore jeunes avait
pour objet de transcrire des livres et
surtout la sainte Écriture ; les plus
âgés étaient exclusivement occupés à
l'oraison. Ils avaient tous une cellule ;
pour les uns c'était une cabane de
bois, pour les autres une petite grotte
qu'ils s'étaient eux-mêmes creusée
dans le roc. Notre saint a occupé
d'abord une cabane, puis une de ces
grottes creusées dans le roc qu'on
appelle encore aujourd'hui *le repos
de saint Martin.* Aucun frère ne sortait de sa cellule, si ce n'est pour se

rendre à la prière commune ou au repas qu'ils prenaient tous ensemble, quand le moment de rompre le jeûne quotidien était arrivé. Les malades seuls buvaient du vin, et pour tous la nourriture était frugale. Ils étaient tous vêtus avec des habits grossiers, faits d'une étoffe de poils de chèvre ou de chameau ; et cependant parmi ces hommes qui s'interdisaient dans leurs aliments et dans leurs vêtements toutes les délicatesses du siècle, plusieurs appartenaient à des familles distinguées et avaient été accoutumés dès leur enfance à un autre genre de vie. L'humilité, la pauvreté, la mortification et par-dessus tout l'esprit d'oraison étaient au fond de toutes les pratiques prescrites par une règle

dont c'était un crime à leurs yeux de
se relâcher. C'est dans cette école de
haute perfection que se sont formés,
dans l'observation des conseils évangéliques, un grand nombre d'évêques
la gloire de leurs églises, heureuses
et reconnaissantes de les avoir reçus
du monastère de saint Martin.

Le saint fondateur ne voulut pas,
malgré tout son zèle pour son monastère, lui donner une existence indé-
pendante des revenus ou plutôt des
aumônes que lui procurait le service
de l'église. Il tenait à ce qu'il conser-
vât sa pauvreté primitive, et, pour
cela, il refusait les dons extraordinaires qui lui étaient offerts. Lycontius, personnage important qui avait
été vicaire de l'empire, lui écrivit un

jour pour lui demander la guérison
de ses esclaves atteints d'une maladie
contagieuse. Martin lui répondit qu'il
lui avait été révélé que la main de
Dieu s'était appesantie sur sa maison,
et que le miracle sollicité serait difficile. Cependant, il se mit à prier et
à jeûner pendant sept jours et sept
nuits ; et, ce temps écoulé, Lycontius
vint le voir, et lui annonça que la
maladie avait disparu. Dans sa reconnaissance, il lui offrit deux cents marcs
d'argent. Cette somme fut acceptée,
mais elle fut immédiatement employée
au rachat des captifs. Comme ses disciples le priaient de garder au moins
une partie de cette somme pour le monastère, où l'on manquait également
de quoi se nourrir et de quoi se vêtir,

il répondit : « L'Église doit nous nourrir et nous vêtir, et nous ne devons
rien demander ni retenir de ce qui
peut venir d'ailleurs. »

mission
raison
miracles.
L'esprit de Dieu, qui dirigea notre
saint pendant son épiscopat, lui ins-
pira en toutes choses la conduite la
mieux appropriée au succès de la
mission qui lui était personnellement
échue. Il reçut aussi d'en haut tous
les moyens de réussir. Il avait à extir-
per jusqu'à ses dernières racines le
paganisme, encore si vivace dans les
Gaules. Il était l'apôtre de Jésus-Christ
autant pour les idolâtres que pour les
chrétiens. Ce ministère devait réunir
en sa personne tout ce qui caracté-
risa les premiers apôtres : une grande
sainteté manifestée par une grande

puissance. La première condition, il la remplissait par sa fidélité à la grâce, et la seconde, Dieu la lui accordait avec les effets les plus extraordinaires. Il lui en donnait même la conscience intime par une sorte d'avertissement secret sur la circonstance où devait s'opérer le miracle, ou plutôt les miracles destinés à environner sa mission d'une auréole surnaturelle, la plus éclatante depuis les premiers apôtres. C'est par ce moyen, comme au temps de la primitive Église, que le bras de Dieu, qui n'a jamais été raccourci, propageait et affermissait la foi dans les Gaules, afin de préparer les magnifiques destinées religieuses de ce pays pour le jour où il s'appellera la France très-chrétienne. Eh! que sa-

vons-nous? peut-être aussi le grand
thaumaturge a-t-il été suscité pour
que le souvenir de sa puissance miraculeuse et le retour de la dévotion
des peuples à son tombeau appellent
de nouvelles grâces et rendent à notre
patrie la foi et les vertus de nos
pères. Faire refleurir spirituellement
cette terre de France sur laquelle a
passé le souffle brûlant de l'impiété,
c'est un miracle qu'il est permis d'attendre de celui qui, pendant sa vie et
après sa mort, a fait tant de miracles.

Bossuet, signalant les événements de
l'époque où vécut notre saint, a dit :
« Martin remplit l'univers du bruit
de sa sainteté et de ses miracles. »
Si, comme cela est certain, ce bruit,
cette sainteté, ces miracles se sont

produits pour achever la destruction de l'idolâtrie et faire pénétrer l'esprit du christianisme dans le cœur de la nation, serait-il défendu d'espérer qu'ils serviront encore à quelque dessein de miséricorde en faveur de notre âge? La France est très-malade : pourquoi Martin, invoqué de nouveau, ne la guérirait-il pas, lui qui a opéré autrefois tant de guérisons pour la sauver en l'arrachant à l'idolâtrie?

Les raisons de croire aux miracles de saint Martin sont développées avec éloquence dans un passage très-remarquable du panégyrique de ce saint par Mgr l'évêque d'Orléans.

« Si la Gaule est chrétienne, dit
« Mgr Dupanloup, c'est à saint Mar-
« tin, à ses vertus, et j'ajoute à ses

Passage
remarqua
du panégyr
de S. Mar
par Mgr l'
d'Orléan

« miracles qu'elle doit la consomma-
« tion de ce grand ouvrage. Les mi-
« racles avec les vertus peuvent seuls
« expliquer une si prodigieuse action.
« Je crois aux miracles de saint Mar-
« tin : j'y crois parce que les récits
« contemporains qui nous les trans-
« mettent respirent la plus saisissante
« véracité; mais j'y crois plus encore
« à cause de l'œuvre qu'il a faite.
« Pour éclairer, pour dompter les po-
« pulations aveugles et obstinées, il
« fallait renouveler les prodiges des
« temps apostoliques. Le monde païen
« n'a cédé qu'aux vertus et aux mi-
« racles des apôtres : à une telle œu-
« vre, pour une si profonde transfor-
« mation, il fallait les miracles. Pour
« arracher définitivement du vieux sol

« gaulois les superstitions séculaires,

« il les fallait aussi. — Je crois enfin

« aux miracles de saint Martin, parce

« que je crois à la vertu de la prière

« dans le cœur d'un saint. Quand

« un miracle était nécessaire, quand

« le salut de toute une population en

« dépendait, que faisait Martin? Nous

« l'avons vu, il se jetait à terre et il

« priait; il priait avec cette foi qui

« transporte les montagnes, avec

« cette charité qui touche le cœur de

« Dieu; et sa prière forçait le Ciel. —

« Oui, de telles prières appuyées sur

« une telle sainteté, ces supplications

« non interrompues, pas même par

« l'action, ces oraisons de toutes les

« heures, de tous les moments, cette

« âme toujours dans le ciel; ces jeûnes,

3

« ces veilles, ces cilices, cette cendre,

« ces labeurs qu'un court repos ac-

« cordé à regret aux plus rigoureuses

« exigences de la nature venait à peine

« suspendre ; ces jours, ces nuits con-

« sacrés à l'œuvre de Dieu ; ces courses

« apostoliques, ces perpétuelles pré-

« dications ; ce corps dompté, ma-

« céré, ces sens asservis à l'âme ; cette

« âme elle-même subjuguée, toutes

« ces passions vaincues ; cette dou-

« ceur, cette patience inaltérable dans

« les souffrances, dans les injures ;

« cette charité sans bornes, cette hu-

« meur toujours égale dans une joie

« toujours sainte, car jamais on ne vit

« saint Martin ni triste, ni ému, ni

« irrité ; en un mot, cette conversa-

« tion toute céleste, cette existence

« surhumaine : voilà pour moi ce qui,
« avec la bonté de Dieu qui voulait
« nous sauver, explique tous ces mi-
« racles. Ah! si je ne voyais en saint
« Martin qu'un homme et une vertu
« vulgaires, je dirais : N'attendez que
« des œuvres vulgaires; mais je vois
« un homme surhumain, et je crois à
« des œuvres surhumaines. »

Un homme surhumain et des œuvres
surhumaines, tel fut dans les temps
primitifs de la France chrétienne l'instrument de la Providence, tel est le
sujet des historiens dont on reproduit
ici les récits. Ces récits précieux pour
la foi ne peuvent être que ce qu'ils
sont. Ils disent les actions du plus
grand thaumaturge, de celui qui a été
surnommé par excellence le Thauma-

turge; et ces actions sont nécessaire-
ment une longue suite de miracles.

Le christianisme n'avait pas fait
dans les campagnes les mêmes progrès
que dans les villes; il ne s'implantait
que difficilement au sein de ces populations encore si grossières et si lentes
à suivre le mouvement imprimé par la
foi. La lumière avait pénétré dans les
intelligences cultivées, et, de proche
en proche, dans celles avec qui elles
avaient le plus de rapports; mais, loin
des centres habités, qui étaient aussi
des centres chrétiens par la présence
de l'évêque et des autres prédicateurs
de l'Évangile, les superstitions du paganisme subsistaient encore et résis-
taient opiniâtrément à la vérité. Martin
allait visiter ces populations rurales,

et, trouvant que là même où la vraie
religion était connue l'erreur comp-
tait encore bien des sectateurs décla-
rés ou cachés, il s'efforçait d'effacer
partout les traces de l'idolâtrie et de
faire disparaître les objets qui y atta-
chaient les esprits faibles et prévenus.
Démolir les temples des fausses divinités, abattre leurs idoles, faire couper
les arbres et les bosquets prétendus
sacrés du culte païen, c'était un de ses
soins les plus constants, en même temps
qu'il tâchait par ses prédications d'é-
clairer les peuples et de leur faire embrasser et pratiquer la foi chrétienne,
sans mélange de superstition. Mais,
pour cela, la parole ne suffisait pas, il
fallait encore, on ne saurait trop le dire,
que les miracles vinssent la confirmer.

Un jour, il trouva dans un bourg un temple fort ancien, environné de tous les prestiges de la superstition, il parvint à faire raser ce temple; mais tout près de là, un pin, non moins vénéré, était pour les païens de la contrée, comme certains arbres chez les Grecs idolâtres, une continuelle occasion de pratiques damnables, dont l'effet était de perpétuer une dangereuse séduction. Il semblait impossible de faire disparaître ce sujet de scandale, reste peut-être du culte druidique. Après avoir laissé le marteau démolir leur temple, les païens, leurs prêtres en tête, s'opposaient avec tumulte à ce qu'on portât la hache au pied de cet arbre consacré au démon. Martin employait toute la puissance persuasive de sa parole pour les engager à renoncer à une superstition qu'il leur représentait comme funeste à eux-mêmes et contraire au culte du vrai Dieu; il continuait à parler, lorsqu'un des infidèles, plus hardi que les autres, lui dit comme en se moquant de lui : « Eh bien! nous couperons cet arbre, à condition que tu te mettras dessous quand il tombera; nous verrons si ton Dieu, en qui tu as tant de confiance, te protégera. « Tous les païens applaudissent à cette proposition qui, acceptée, devait, pensaient-ils, leur donner la joie de voir périr le plus grand ennemi de leurs dieux. Martin, plein de confiance dans le Seigneur, et parce qu'il y allait du salut de ces âmes égarées, accepte sans hésiter la proposition. Il prend la

place qu'on lui assigne; on l'y attache;
l'arbre, considérablement penché de
ce côté, ne pouvait tomber que sur lui.
On se réjouit dans la foule infidèle de
sa mort inévitable, on est dans une vive
anxiété parmi les rares chrétiens qui
sont présents; déjà le pin vacille sous
les coups qu'on lui porte; chacun se
tient à distance; les moines, témoins
de ce spectacle, pâlissent de frayeur et
n'ont plus d'espoir. Un dernier ébran-
lement annonce la chute, et l'on n'attend plus, toutefois avec des sentiments divers, que la mort de l'évêque;
mais lui, toujours ferme dans sa
confiance en Dieu, ne laisse pas apercevoir la moindre émotion; enfin la
chute se fait sur Martin lui-même, qui,
levant la main, oppose le signe du sa-

lut au poids énorme qui va l'écraser,
et aussitôt, comme soulevé par un
tourbillon violent, l'arbre se retourne
et tombe du côté opposé en effrayant,
sans les atteindre, les païens qui s'y
étaient placés pour être en sûreté. A ce
miracle, ceux-ci poussent de grands
cris, les moines pleurent de joie, les
louanges de Jésus-Christ sont dans
toutes les bouches, et c'est un jour de
salut pour le pays. Dans cette grande
multitude, tous, jusqu'au dernier, ab-
jurant le paganisme, vinrent se présenter à l'imposition des mains pour
être admis parmi les catéchumènes.
Aussi la contrée, presque toute païenne
avant l'arrivée de Martin, fut-elle, à
la fin de son épiscopat, couverte d'é-
glises et de monastères; car, partout

sur les ruines des temples païens s'é-
levait immédiatement une église ou un
monastère.

. Il brûle
un temple
et commande
au feu.

Il eût été dangereux de vouloir
conserver les temples des faux dieux,
fût-ce même pour les convertir en
églises chrétiennes. On ne pouvait détruire la superstition qu'en ruinant de
fond en comble les édifices auxquels
elle était attachée. Il fallait donc
anéantir ce qui avait été souillé par
un culte abominable, et consacrer au
vrai Dieu un temple nouveau. C'est
ainsi que Martin mit le feu à un
temple que son ancienneté recom-
mandait à des esprits longtemps abu-
sés ; mais comme les flammes pous-
sées par le vent allaient atteindre une
maison attenante, Martin monte sur

le toit, et se présente aux flammes pour les repousser ; aussitôt elles prennent une direction opposée au vent, et la maison, qui allait inévitablement devenir leur proie, resta intacte. Il avait été donné au saint, en cette circonstance, de commander au feu, et le feu ne dévora que ce qu'il lui avait donné à dévorer.

Il voulut, une autre fois, démolir, dans un bourg nommé *Leprosum* (1), un temple enrichi pendant des siècles par la superstition. Les païens, en grand nombre, vinrent défendre leur impur sanctuaire. Ils vociféraient contre Martin, et l'accablaient d'injures. Il se retira, sans pourtant trop s'éloi-

Voul[...]
renve[...]
un tem[...]
il paral[...]
par la p[...]
les résis[...]
des païe[...]

---

(1) Loroux dans le département de la Loire-Inférieure, ou Levroux dans le Berry.

gner. Puis, pendant trois jours, revêtu d'un cilice couvert de cendre, jeûnant et priant, il supplia le Seigneur d'intervenir pour renverser ce temple que la main de l'homme n'avait pu attaquer. Mais voici que deux anges se présentent à lui ; ils sont armés de lances, et portent des boucliers, comme la peinture représente la milice céleste. « Nous sommes envoyés, lui disent-ils, pour contenir cette troupe d'habitants ameutés ; nous te protégerons, si quelqu'un ose te résister, quand tu iras détruire le temple ; va donc, et fais ton œuvre. » Sur cette parole, Martin retourne au bourg, démolit le temple jusque dans ses fondements, brise les autels et les idoles, et le peuple, immobile et

frappé de stupeur, reste témoin silen-
cieux de cette œuvre si contraire à ses
préjugés. Il comprend ensuite que le
Ciel a voulu paralyser sa résistance,
confesse qu'il faut adorer le Dieu de
Martin et se convertit à Jésus-Christ.

Il y avait dans le vieux château
d'Amboise un temple d'idole en forme
de tour. Cet édifice, en belles pierres
de taille et couronné d'une sorte de
cône, était d'une grande élévation;
sa construction avait coûté des sommes considérables, et les habitants le
regardaient comme un monument qui
méritait d'être conservé. Cependant il
servait à entretenir la superstition.
L'évêque de Tours avait recommandé
à Marcel, prêtre du lieu, de le démolir. Mais la grandeur de la masse

A sa priè
un temp
païen est
versé par
tempête

semblait défier les efforts de quelques
pauvres moines, et personne autre ne
voulait se prêter à cette démolition.
Revenu à Amboise dans le cours des
visites de son diocèse, Martin retrouve
debout ce monument de l'erreur. Il
s'en plaint à Marcel, et lui reproche
son peu de courage. Enfin il passe en
prière toute la nuit, et, le lendemain,
une tempête renverse ce temple tout
entier comme s'il avait été déraciné.

Il fait descendre du ciel une colonne de feu. — Dans une autre occasion Martin,
ne pouvant abattre une immense co-
lonne surmontée de l'idole adorée en
ce lieu, se met à prier. Il n'avait pas
encore achevé sa prière, quand tout
à coup on voit une colonne de feu
descendre du ciel et renverser le monument païen.

Si des prodiges venaient directe-
ment en aide au saint évêque de
Tours pour détruire jusqu'aux derniers vestiges du paganisme, d'autres
prodiges lui étaient encore accordés,
soit pour rectifier le culte des chrétiens, soit pour glorifier sa vertu surhumaine et accroître l'autorité dont
il avait besoin aux yeux des hommes
pour l'accomplissement de sa grande
mission.

On signalait aux environs de Tours
un lieu vénéré par le peuple chrétien.
C'était là, disait-on, qu'avait été enseveli un grand martyr. On y avait
érigé un autel, et un culte était rendu
à ce prétendu martyr. Cette dévotion
n'était pas suffisamment justifiée au
jugement du saint évêque, qui ne

Il détr
le cult
d'un
faux ma

trouvait aucune trace de la vie et des
mérites de celui qui en était l'objet.
Cependant il toléra quelque temps
cette dévotion, sans y prendre part
lui-même. Enfin, ne pouvant s'édifier sur son origine et sa légitimité
par les moyens ordinaires, il se sentit inspiré de recourir aux moyens
surnaturels, dont, par une faveur spéciale, l'usage était accordé à sa foi
comme au besoin des peuples. Un
jour, accompagné de plusieurs de ses
disciples, il vint, sur le tombeau de
ce mort inconnu, supplier le Seigneur
de lui faire connaître quel était cet
homme réputé martyr. Pendant sa
prière, il voit à sa gauche se dresser
un spectre affreux. Martin lui ordonne
de décliner son nom, et de dire ses

droits à un culte. Le spectre répond en articulant son nom et en avouant des crimes. C'est un voleur condamné à mort et exécuté pour ses forfaits. Il n'a rien de commun, dit-il, avec les mérites d'un martyr, et n'a droit à aucun culte. La voix qui dit ces choses fut entendue des assistants; Martin seul vit le spectre. C'en fut assez pour que le doute fût levé et le culte illégitime supprimé, sans qu'il y eût jamais aucune velléité de retour de la part des peuples.

Il n'y avait pas longtemps que notre saint avait été ordonné évêque, quand l'intérêt de la religion lui commanda de sortir de sa solitude et de se rendre auprès de l'empereur Valentinien Ier. La présence du saint

Il va à la co
de l'empe
Valentinic

évêque à la cour avait un motif connu ;
l'inflexible empereur, ne voulant pas
revenir sur une détermination définitivement arrêtée dans son esprit, refusa de le recevoir, et donna l'ordre
de ne pas le laisser pénétrer dans le
palais impérial. On peut croire que
Valentinien, malgré sa fermeté, qui
allait souvent jusqu'à l'obstination,
craignait de ne pouvoir résister à
l'ascendant de Martin, dont le nom,
entouré de vénération, était déjà répandu partout. Peut-être aussi d'autres avaient-ils intérêt à empêcher une
entrevue qui eût ébranlé les résolutions de l'empereur. On est fondé à
donner une part dans le refus de cette
entrevue à la funeste influence de
l'impératrice Justine, et aux intrigues

du parti arien qu'elle protégeait : d'où il est permis de présumer que Martin allait défendre contre ce parti la cause de l'orthodoxie. Quoi qu'il en soit, la haine hérétique qui veillait aux portes du palais faisait repousser Martin toutes les fois qu'il se présentait. Toutes ses tentatives ayant été inutiles, il s'adressa à Celui qui seul peut vaincre les volontés les plus inexorables, et faire tomber toutes les barrières. Il se mit à jeûner et à prier pendant sept jours sous la cendre et le cilice, et à la fin du septième jour un ange lui apparut, qui lui dit de se présenter et d'entrer sans crainte. Il obéit. Il trouva les portes ouvertes, ne rencontra aucun obstacle et s'avança jusqu'à se trouver en face de l'empereur. En le voyant, ce prince, dont l'histoire a retracé le caractère violent, fit éclater sa colère contre ceux qui avaient négligé ses ordres. Il resta fièrement assis et le visage courroucé en présence de l'évêque de Tours debout devant lui. Mais tout à coup son siége s'enflamme. A cet effet inattendu et sans cause naturelle, Valentinien reconnaît le pouvoir supérieur de la sainteté; vaincu dans sa colère et dans son obstination, il embrasse le saint à plusieurs reprises et lui accorde l'objet de ses demandes. Il l'admit ensuite bien des fois à son audience et à sa table; il voulut même à son départ le combler de riches présents; mais le saint homme les refusa par amour de la pauvreté dont il faisait profession.

Dans un premier ou second voyage qu'il a fait à Trèves, Martin, durant son séjour dans cette ville, y opéra plusieurs miracles. Une jeune fille était atteinte d'une paralysie complète ; son état avait tellement empiré, que la mort était imminente. Cependant l'évêque de Tours, devancé par sa réputation de thaumaturge, arrive à Trèves. Le père de la jeune fille vient s'adresser à lui au moment où, au milieu d'une grande foule, il entrait dans l'église avec plusieurs évêques. Le père de la mourante poussait des cris, embrassait les genoux de Martin et le suppliait en ces termes : « Ma fille se meurt d'une maladie terrible ; ses membres, bien qu'ils vivent encore, sont comme

Il guér[it]
à Trèv[es]
un paralyti[que]

morts et privés de tout mouvement.
Venez, venez la bénir, et vous lui
rendrez la santé. » Cette demande,
avec de telles démonstrations, dans
un tel lieu et dans une telle circonstance, produit sur la figure de Martin l'effet de l'embarras et de la con-
fusion. Il s'humilie, il s'excuse; mais
il a beau se déclarer indigne de faire
des miracles, se montrer même im-
puissant, ce père insiste avec larmes
et le supplie de venir au moins faire
une visite à sa fille. Les évêques joi-
gnent leurs prières à celle de ce père
désolé, et Martin se rend dans la
maison de la malade. Après s'être
prosterné et avoir prié avec ferveur,
il jette un regard sur la fille, bénit
l'huile qu'on lui présente sur sa de-

mande, et en verse quelques gouttes
dans la bouche de la paralytique qui
recouvre la parole. Ensuite, par le
contact de sa main, il rend le mouvement et la force à ces membres déjà
à moitié morts, et alors la jeune fille,
se tenant debout, se montre elle-même
au peuple rassemblé devant la porte
dans l'attente de l'événement.

Pendant ce même séjour du saint
à Trèves, un personnage consulaire,
nommé Tétradius, avait un esclave
possédé du démon. Cet esclave était
en proie à d'horribles accès de fureur,
et comme on ne pouvait parvenir à le
faire sortir de la maison, Tétradius
pria Martin avec les plus vives instances de vouloir bien s'y rendre lui-
même pour imposer les mains à ce

Il déliv
à Trèv
un possé

malheureux. Le saint refusa, disant
qu'il ne pouvait pas entrer dans la
maison d'un païen : mais Tétradius
ayant promis d'embrasser le christianisme, si son esclave était délivré,
Martin accéda à la demande qui lui
était adressée. Il imposa les mains au
possédé, et la délivrance fut obtenue.
Tétradius tint parole : il se fit recevoir catéchumène, et se fit baptiser
quelque temps après. Non content de
s'être fait baptiser, il voulut être recon-
naissant envers Dieu du double bienfait
de sa conversion et de la délivrance de
son esclave, et transforma son palais
en église chrétienne. Cette église fut
consacrée par saint Martin, sous le titre
de Sainte-Croix, et on la reconstruisit
au xvie siècle sous le même titre.

On ne saurait retracer en détail
toutes les guérisons dont le saint
évêque de Tours fut l'instrument. On
venait à lui de tous côtés, et les historiens affirment formellement que
tous ceux qui venaient, quelque part
qu'il se trouvât, s'en retournaient
délivrés de leurs maux. On pense bien
que son séjour dans la ville impériale faisait une grande sensation,
ses œuvres y avaient un retentisse-
ment qui s'étendait au loin, et leurs
effets n'y étaient que plus éclatants
et plus considérables dans l'intérêt
de la foi. L'enfer en frémissait, et
il eût voulu pouvoir expulser Martin de cette ville, où sa présence,
ses prédications et ses miracles in-
fligeaient sans cesse de nouvelles dé-

faites à l'ennemi de Dieu et des hommes.

Il rétablit la sécurité à Trèves. Cependant voilà que les bruits les plus inquiétants jettent le trouble dans cette cité. Selon ces bruits, les barbares approchaient, et l'on était à la veille d'être attaqué. Dans ces temps-là, de pareilles rumeurs avaient toujours leur vraisemblance, et elles étaient souvent vérifiées par l'événement; il était d'ailleurs difficile de les démentir avec certitude quand elles n'étaient pas exactes. Voulant connaître la vérité pour calmer les esprits s'il y avait lieu, et soupçonnant, avec ce sentiment intérieur qui ne le trompait pas, qu'il y avait là quelque fraude diabolique, Martin se fait amener un démoniaque (1), et lui ordonne de déclarer d'ou viennent ces bruits alarmants de l'approche des barbares. Le démoniaque répond : « Nous sommes dix démons qui répandons ces bruits, afin que, s'accréditant, ils déterminent Martin à sortir de la ville. » Cette déclaration du démoniaque, faite dans l'église en présence d'une foule nombreuse, rassura les esprits et rétablit la sécurité quelque temps troublée par cette fausse nouvelle.

(1) Les possédés n'étaient pas très-rares à cette époque, parce que, une partie de la population n'étant pas encore chrétienne, le baptême n'avait pas enlevé tous les hommes à la puissance du démon, ou du moins n'avait pas considérablement restreint cette puissance ennemie. Tertullien, cité à ce sujet par Bossuet, affirme, d'après l'expérience de son temps, que, en ce qui concerne les possessions, le démon a beaucoup moins de prise et même n'a presque point de prise sur ceux qui sont baptisés.

Il guérit
un lépreux
aux portes
de Paris.

Retournant de Trèves et passant à Paris, notre saint rencontra, à la porte septentrionale de la ville, un lépreux qui faisait horreur à voir; il s'approcha de cet infortuné, le bénit, puis le baisa avec une affectueuse charité, et, en récompense du sentiment qui l'animait, il obtint, à l'instant même de l'attouchement de ses lèvres, la guérison de ce lépreux. Ce miracle fut publiquement constaté, quand, le lendemain, avec un visage frais et vermeil, celui qui la veille était horrible à voir se montra dans l'église, pour rendre grâces à Dieu devant toute l'assemblée des fidèles. En mémoire de cette guérison miraculeuse, on fit bâtir, à l'endroit où elle fut opérée, une chapelle qui reçut dans la suite le nom de saint Martin. Plusieurs autres faits surnaturels manifestèrent à Paris la puissance attachée à la personne de notre saint.

Si saint Martin sortait quelquefois de son diocèse pour diverses œuvres de charité et pour la cause de la religion, il y rentrait aussitôt que les intérêts de Dieu ne le réclamaient pas ailleurs. Il vivait avec ses frères dans sa solitude de Marmoutier, et il y persévérait dans la prière et dans ses communications avec le ciel, tant que les devoirs de son ministère ne l'appelaient pas dans la ville de Tours ou dans les autres lieux dont il avait la sollicitude.

L'esprit de charité qui animait saint Martin lui inspirait en toute circon-

Il donn
sa tuniq
à un pau

stance, avec un zèle incessant pour le
salut des âmes, une tendre commisération pour le soulagement des souffrances de tout genre. S'il voyait quelquefois les grands du monde, si parmi
eux il opérait des prodiges, qui étaient
des prodiges de charité, et surtout de
charité apostolique, il avait une véritable prédilection pour les pauvres;
ils étaient à ses yeux les meilleurs amis
de Jésus-Christ, et ils le lui représen-
taient sous un aspect des plus tou-
chants pour son cœur. Il était toujours
ce Martin qui avait donné la moitié de
son manteau à un pauvre, et depuis,
ses sentiments pour les membres souf-
frants de son divin Maître n'avaient
cessé de s'élever et de se dilater de plus
en plus. Entre autres traits de sa miséri-

cordieuse sollicitude pour les pauvres,
il faut citer le soin qu'il prit d'un mendiant demi-nu et grelottant de froid,
qu'il rencontra en se rendant un jour
de fête à l'église pour l'office solennel.
A la vue de ce mendiant qui lui deman-
dait l'aumône, il ordonne à son archidiacre de procurer un vêtement à ce
malheureux. La réponse est une promesse presque aussitôt oubliée de celui
qui l'a faite. Un intervalle de temps
s'écoule, et le mendiant revient auprès
de l'évêque renouveler sa demande, en
insistant pour qu'on ne le laisse pas
sans secours. Martin est profondément
touché de compassion en revoyant ce
pauvre; et, ne comptant plus sur
l'exactitude des autres, il va à quelque
distance se dépouiller secrètement de

sa propre tunique, et en habille aussitôt le mendiant. Ainsi, après avoir
donné autrefois la moitié de son manteau, il donne maintenant sa tunique.
Cependant l'archidiacre arrive pour
avertir l'évêque que le moment est
venu de monter à l'autel; l'évêque répond qu'il fera attendre le peuple tant
que le pauvre ne sera pas vêtu. « Mais
il y a déjà longtemps, réplique l'archidiacre, que ce pauvre s'est retiré, fort
content du vêtement que vous lui avez
fait donner. — Je vous prie, dit Martin, d'apporter une tunique; le pauvre
à qui il faut la donner l'attend. » Et
l'archidiacre, obligé de recourir au
marchand, acheta une tunique fort
courte et d'étoffe grossière, et, la jetant avec mauvaise humeur aux pieds

de Martin : «Voilà la tunique, lui dit-il ; mais où est le pauvre ? » Le saint, sans répondre à cette question, demande de rester seul pendant quelques instants, se revêt de cet habit acheté pour le pauvre, et s'en va commencer le saint sacrifice.

Mais « comme il bénissait l'autel se- « lon la coutume, dit Sulpice-Sévère, « nous vîmes briller au-dessus de sa tête « un globe de feu, qui, en s'élevant « en l'air, traça un sillon lumineux. » C'était un jour de grande fête, l'assemblée était nombreuse ; cependant un prêtre, trois moines et une sainte fille eurent seuls le privilége de voir cette nouvelle glorification de la sainteté du serviteur de Dieu. Le narrateur contemporain affirme, par sa manière

Un glo lumine paraî sur sa tê

4*

de raconter le fait, qu'il fut du nombre des cinq privilégiés; car il dit, à la première personne du pluriel : *nous vîmes*. Il ajoute ainsi à son récit le sceau de son propre témoignage, témoignage grave d'un saint, honoré comme tel dans l'Église, et qui ne craint pas de prendre Jésus-Christ à témoin de tout ce qu'il avance dans son livre.

Il guérit Evanthius et un es esclaves.

Ce pieux biographe raconte encore que son oncle Evanthius était tombé dangereusement malade; c'était un bon chrétien, vivant dans le monde, et qui, vraisemblablement, avait des relations de respectueuse confiance et de sainte affection avec son évêque. Evanthius, se voyant dans un état très-alarmant, et, pour ainsi dire, aux portes de la mort, fit demander à Martin de venir le voir. Martin se mit en marche, accompagné de son disciple, auteur de ce récit. Il n'avait pas encore fait la moitié du chemin, quand un changement s'opère dans l'état du malade, qui se lève, et, plein de santé, vient au-devant de son saint visiteur, en attribuant à la seule approche de l'homme de Dieu le bienfait de sa guérison instantanée. Martin accepta pour la nuit l'hospitalité chez l'oncle de son cher disciple. Le lendemain matin il voulait partir, mais il céda aux instances qu'on lui fit pour le retenir. Ce ne fut pas sans un dessein de la Providence, qui se révéla le jour même. Un des esclaves de la maison fut piqué par un serpent si venimeux, qu'on regardait cette piqûre comme mortelle.

L'art de guérir ne possédait aucun remède efficace pour ce pauvre esclave, qui, le corps tendu, les veines gonflées, était tombé tout à coup dans une torpeur voisine des derniers moments, tant le venin du reptile avait pénétré dans son sang avec rapidité et violence. Evanthius ne perdit pas pour cela l'espoir de sauver cette vie presque éteinte. Il prit lui-même l'esclave sur ses épaules, et alla le déposer aux pieds du saint. Rien, aux yeux de ce maître plein de foi, ne paraissait impossible à la vertu de Martin. Le saint évêque étendit la main sur l'esclave, mit le doigt près de la piqûre, et aussitôt l'on vit le venin sortir avec le sang, comme amenés par une force d'attraction vers le doigt qui le leur commandait. On eût dit, selon l'image de Sulpice-Sévère, que ce sang et ce venin sortaient de la piqûre, comme le lait de la brebis sous la main qui presse sa mamelle. Dès l'instant l'esclave se leva complétement guéri, tandis que tous les témoins de ce fait, saisis d'une religieuse admiration, bénissaient le Seigneur qui avait donné une telle puissance à son fidèle serviteur.

On vient de voir que les relations de l'amitié furent l'occasion de faire éclater cette puissance pour la gloire de Dieu, et pour récompenser la piété et la vertu ; mais quelquefois c'est la propre vertu de Martin, c'est sa patience dans les mauvais traitements que lui font subir les hommes, c'est sa grande charité pour les malheureux qui donnent lieu à la manifestation des dons dont il est enrichi.

Il visitait son diocèse, accompagné de plusieurs de ses frères du monastère de Marmoutier ; il les devançait dans la route, afin de pouvoir se livrer en silence à la méditation des vérités éternelles. Il rencontre un chariot qui transportait des soldats. Les mules qui le traînent s'effraient à l'aspect de Martin, revêtu d'un grand manteau noir et monté sur un âne ; elles se jettent hors de la route et s'embarrassent dans les rênes. Les soldats sautent de leur voiture, et, s'en prenant à Martin de ce qui arrête leur marche, ils en viennent, avec la brutalité féroce des hommes de guerre de

cette époque , jusqu'à l'accabler de
coups de fouet et de bâton. Il sup-
porte tout sans mot dire; on eût cru
qu'il ne sentait rien. Cette apparente
insensibilité irrite les agresseurs, aug-
mente encore leur violence, et ils frap-
pent jusqu'à ce qu'il tombe sous leurs
coups. En rejoignant leur évêque, les
moines le trouvèrent étendu par terre,
à demi mort, et le corps tout déchiré
et ensanglanté. Ils le replacèrent sur
son âne, et se hâtèrent de s'éloigner
de ce lieu funeste. Mais voilà qu'après
avoir réparé le désordre qui s'était
mis dans leur attelage, les soldats ne
peuvent parvenir, à force de cris et de
coups, à faire marcher les mules, qui
restent comme fixées au sol. Rien ne
pouvant les faire mouvoir, pas même

les coups de branches d'arbres qu'ils
déchargent sur ces pauvres animaux,
ces hommes grossiers comprennent
qu'une force invisible s'oppose à leurs
efforts : alors, songeant à l'attentat
qu'ils viennent de commettre, ils demandent à des passants quel est cet
homme vêtu de noir qu'ils ont battu?
« Martin, » leur est-il répondu. A ce nom
de Martin, si célèbre partout, le secret
de leur situation leur est révélé; ils
courent vers le saint évêque, et lui
demandent pardon à genoux et avec
les plus grandes démonstrations de
repentir. « Nous méritons, disent-ils,
d'être engloutis dans la terre ou cloués
au sol comme nos mules. Martin avait
déjà prévenu les siens de ce qui était
arrivé ; il accueillit avec bonté ces

hommes repentants, et à peine eut-il prononcé quelques paroles de pardon que le mouvement fut rendu à tout l'attelage.

Un village du pays des Senonais était depuis un certain nombre d'années désolé par la grêle, qui détruisait en grande partie les principales récoltes; les habitants en éprouvaient une misère extrême. Dans leur malheur, ils eurent la pensée de recourir à la puissance de Martin, et lui envoyèrent une députation qui avait pour chef Auspicius, ancien préfet du prétoire, lequel était au reste particulièrement intéressé dans le succès de la pieuse démarche des habitants, car c'était sur ses terres que le fléau avait presque toujours sévi avec le plus

d'intensité et avec les effets les plus
désastreux. Le saint crut charitable-
ment devoir accorder à cette population si cruellement éprouvée le
secours de son intervention surnaturelle. Il se rendit sur les lieux, y fit
des prières spéciales, et, depuis ce
temps jusqu'à sa mort, cette contrée
avait cessé d'être affligée du fléau dont
elle avait tant souffert. Mais il n'en fut
pas de même après que Martin ne fut
plus en ce monde. L'année même de
sa mort fut une année de calamité. Le
fléau revint, et le monde, dit le pieux
narrateur contemporain, eut ainsi à
pleurer, par suite de ses souffrances,
la perte de celui qui était regardé
comme une protection et un sujet de
joie pour chacun. Ce narrateur ne

pensait pas alors que du haut du ciel Martin protégerait plus efficacement et avec plus de puissance encore une longue suite de générations.

Dans ces temps si voisins du paganisme, l'esprit de l'Évangile n'avait pas pénétré encore dans les mœurs ni dans les lois. La vie de l'homme était à la merci du despotisme des princes et de l'arbitraire des gouverneurs des provinces. Ceux-ci étaient toujours les dignes successeurs de ces proconsuls romains, qui envoyaient au supplice tous ceux qu'ils avaient intérêt à frapper. Ainsi, pour un prisonnier, la perte de la liberté était le prélude presque certain de la perte de la vie : Martin, si miséricordieux pour les pé-cheurs, et si compatissant pour les

Il déliv
les prison
du com
A villier

pauvres, ne pouvait rester indifférent au sort des victimes de la tyrannie, et il usa toujours de tout le crédit que lui donnaient devant les hommes sa grande réputation, et devant Dieu sa sainteté, pour soustraire ces malheureuses victimes au glaive des bourreaux. C'est ce qu'il fit dans une circonstance remarquable. Le comte Avitien se signalait dans les Gaules par sa cruauté. Il arriva à Tours, traînant à sa suite une longue file de prisonniers enchaînés. Il devait, le lendemain, les faire périr dans divers supplices. Il en avait déjà ordonné les apprêts effrayants. A peine Martin connaît ces cruelles dispositions qu'il se rend à la demeure d'Avitien. C'était un peu avant minuit, les portes du palais du comte étaient fermées, nul moyen humain de se faire ouvrir; alors le saint se prosterne sur le seuil de cette maison de sang, où déjà dormait d'un profond sommeil cet homme impitoyable dont il allait conjurer les fureurs. Et tout à coup cet homme se réveille en sursaut, en entendant une voix qui lui dit : « Le serviteur de Dieu est à ta porte, et tu dors ! » A cette voix extraordinaire, qui était celle d'un ange, Avitien se trouble et sort de son lit. Il appelle les gens de son service, et leur ordonne d'aller ouvrir à Martin ; mais ceux-ci, persuadés que leur maître est le jouet d'un songe, feignent d'exécuter cet ordre et reviennent dire qu'il n'y a personne à la porte. Avitien s'endort de nouveau, et voilà que la même voix lui dit la même chose en communiquant cette fois à cette âme insensible un sentiment de peine plus profond, et qui l'agite d'une manière inconnue. Il envoie ses serviteurs à la porte extérieure, puis, impatient, il y va lui-même, et trouve Martin en prière. Aussitôt cet homme, frappé d'épouvante, et se croyant au moment d'une terrible punition, dit au saint : « Pourquoi en avez-vous agi ainsi, seigneur ? Je comprends ce que vous voulez. » Et comme si le saint lui eût apparu investi d'une puissance menaçante, il ajouta d'une voix suppliante : « Retirez-vous de moi tout de suite, afin que le feu de la colère céleste ne me consume pas. » Vaincu dans sa cruauté par une impression indéfinissable, il accorda la liberté des prisonniers, et s'éloigna de la ville de Tours, pour laquelle son départ fut aussi une délivrance. C'est Avitien lui-même qui a raconté ce fait à beaucoup de personnes.

Depuis, cet homme appelé par les historiens une bête féroce avide de sang humain, et laissant partout des traces horribles de son passage, subit bien des fois l'influence salutaire de l'évêque de Tours. En présence de Martin, Avitien devenait doux et traitable, il se sentait dominé par quelque chose de divin; et comme notre saint, doué de la faculté de voir, en bien des circonstances, l'action invisible du malin esprit, avait aperçu que ce malheu-

Il délivre Avitien lui-même.

reux Avitien était sous l'empire d'une obsession diabolique qui excitait ses instincts sanguinaires, il l'en délivra par une insufflation de sa bouche, semblable à celle des exorcismes dans les cérémonies du baptême.

Avitien fut cruel au delà des bornes de la perversité humaine, mais nous savons par la foi que l'homme n'est pas seul quand il fait le mal. Souvent une puissance ennemie l'y pousse violemment, et il ne peut résister à la tentation qu'avec le secours du Ciel. Ce secours victorieux du mal, Martin l'obtenait à d'autres par ses prières, et c'est ainsi qu'il triompha, dans la personne d'Avitien, de *celui qui fut homicide dès le commencement du monde.*

La vie du chrétien est une lutte continuelle contre les esprits des ténèbres, et les vertus des saints sont des victoires remportées sur ce monde infernal qui s'acharne à notre ruine. Ceux d'entre eux qui ont eu la mission de lui faire subir de grandes défaites pour le salut de leurs frères, ont été placés aux premiers rangs pour le combattre et ont senti souvent sa funeste présence, comme ils ont senti aussi la bienheureuse assistance des esprits de lumière, qui venaient rétablir en leur faveur l'égalité des forces et leur donner une supériorité triomphante; bons anges, mauvais anges, anges tutélaires, démons séducteurs et méchants, les uns et les autres sont avec nous dans des rapports continuels; ces

Rapports des hommes avec les bons et les mauvais anges.

5

rapports sont ceux d'une amitié fraternelle et secourable de la part des
uns, et d'une hostilité haineuse et per-
fide de la part des autres. Ici sont nos
protecteurs qui veulent nous sauver;
là sont nos *adversaires, semblables à
un lion rugissant qui rôde autour de
nous pour nous dévorer.* Cette situation de l'homme sur la terre étant
donnée, et il ne nous est pas permis
de douter qu'elle n'existe réellement,
il est facile de croire que, dans sa vie
extraordinaire et toute surnaturelle,
Martin, chargé de détruire dans les
Gaules le règne du démon, en abolis-
sant l'idolâtrie, lui à qui Dieu révélait
les secrets du monde invisible, ait eu
d'une manière sensible des communications avec les bons anges et des

prises avec les démons. Le voile était levé devant lui; il voyait, il connaissait ses auxiliaires et ses ennemis; et ce que l'histoire raconte à ce sujet est en harmonie parfaite avec les autres récits qu'elle fait de ses nombreux miracles. Ces récits de l'histoire qui composent de miracles et d'apparitions presque toute la vie de saint Martin, ne diffèrent guère d'ailleurs des récits évangéliques que par les circonstances, bien que les premiers ne soient pas de foi, et n'aient point par conséquent l'infaillible autorité qui appartient aux autres. Les uns, comme les autres, disent l'action souveraine de Dieu, dérogeant aux lois de la nature.

Il conste par plusieurs passages du livre de Sulpice-Sévère que les anges

Ses communications avec les bons anges.

conversaient quelquefois avec Martin.
Déjà des faits de ce genre ont été
rapportés ici. Le saint évêque de Tours
avait refusé d'assister à un concile
convoqué à Nîmes, et comme il voya-
geait sur un bateau, il se plaça à quelque distance de ses compagnons de
voyage. Là il parut entrer en commu-
nication avec le ciel, et, dans sa contem-
plation, il s'entretint avec un ange.
Il apprit de son céleste interlocuteur
ce qui se passait dans le concile de
Nîmes. Il avait des motifs pour désirer
de le savoir, et ces motifs ayant leur
importance pour la religion, il lui
avait été permis de demander au Ciel,
qui seul pouvait le satisfaire, les in-
formations nécessaires à sa sollicitude.
Il manifesta ensuite à ceux de ses dis-

ciples qui l'accompagnaient ce qui
lui avait été annoncé, et l'événement
justifia la vérité de cette révélation,
et quant au jour où le concile s'était
assemblé et quant aux décrets qu'on
y avait portés.

Le Ciel envoya un secours surnaturel à Martin, à la suite d'une chute
qui mit ses jours en péril. Il était
tombé d'un étage supérieur, et, en
roulant sur les marches raboteuses
d'un escalier, il s'était fait plusieurs
blessures. On le porta dans sa cellule,
où, étendu presque sans mouvement,
il n'avait le sentiment de la vie que
par celui des cruelles souffrances auxquelles il était en proie. Mais, pendant
la nuit, un ange lui apparut; cet envoyé de Dieu s'approcha de lui, lava

doucement ses blessures, oignit avec
un baume ses membres contusionnés
et disparut, laissant l'ampoule qui
renfermait le baume mystérieux. L'effet du remède divin ne se fit pas attendre ; car le lendemain Martin, rendu
à la santé, semblait n'avoir éprouvé
aucun accident. Un des vitraux de la
cathédrale de Tours rappelle ce fait,
en attribuant la chute de Martin à la
malice du démon. L'ampoule contenant le baume salutaire a été conservée jusqu'au siècle dernier à Marmoutier comme un objet de vénération et
un monument de la grâce accordée à
notre saint pour sa guérison (1).

(1) L'histoire rapporte que cette ampoule servit au
sacre de Henri IV, qui n'était pas encore maître alors
de la ville de Reims. La matière contenue dans l'ampoule
était figée et de couleur rougeâtre.

Martin eut souvent à se défendre contre les artifices et les illusions du démon. Celui-ci se montrait quelquefois au saint sous une forme visible et sous un nom connu. Cette forme n'était pas toujours la même, ni le nom non plus. Jupiter, Mercure, Vénus, Minerve, tels étaient les noms que prenait ordinairement le démon; il lui arrivait de faire entendre des voix sans se montrer, comme aussi il venait accompagné d'autres démons, et tous ensemble, ils insultaient grossièrement le saint. Les frères attestaient avoir bien des fois entendu retentir la cellule de Martin de leurs injures articulées par des voix diverses. Il ne s'effrayait point de ces attaques. Armé du signe

Martin aux prises avec les démons.

de la croix et de la prière, il triom-
phait toujours.

La tentation, qui souvent n'est que
mentale pour le chrétien, prenait une
apparence extérieure à l'égard de
notre saint; c'est ainsi que sa tendre
compassion pour les pécheurs repentants fut l'objet d'un assaut livré à sa
charité. Ses disciples entendirent entre
lui et l'esprit des ténèbres une con-
testation qui est d'une haute signifi-
cation par l'idée qu'elle donne de la
miséricorde de Dieu. Les reproches
que le démon adresse intérieurement
aux âmes timorées dont il veut troubler la tranquillité et déconcerter la
vertu, il les adressait à voix articulée
à notre saint. C'était, à la différence
de l'émission de la voix, un langage

analogue à celui de beaucoup de ten-
tations mentales.

« Eh quoi, disait-il à Martin, tu
« pardonnes aux pécheurs qui ont
« failli après le baptême! Tu vas plus
« loin, tu les admets dans ton mo-
« nastère; si coupables qu'ils aient
« été, tu les introduis au nombre de
« tes frères! Quels péchés certains
« d'entre eux n'ont-ils pas commis!
« Il ne t'est pas permis d'user de cette
« indulgence; Dieu ne la ratifie pas.
« — Non, répondait Martin, non,
« l'Église doit absoudre des fautes
« dont on se repent, et une vie meil-
« leure efface les péchés; telle est la
« miséricorde de Dieu. — La miséri-
« corde de Dieu! repartit le démon,
« n'y compte pas, il n'y a pas de par-

« don pour ceux qui sont tombés
« après le baptême. » Alors, ne pouvant, sans indignation, entendre nier
la divine miséricorde, Martin glorifie
cet attribut de Dieu par une réplique qui révèle d'une manière
sublime le génie de sa charité, et
atteste au suprême degré sa grande
confiance dans cette divine miséricorde. « Tu veux, lui dit-il, que Dieu
« ne pardonne pas au repentir : eh
« bien, misérable, sache que tout
« criminel que tu es, si tu pouvais
« te repentir et cesser de tenter les
« âmes, j'ai, moi, une telle con-
« fiance dans Notre Seigneur Jésus-
« Christ et dans sa miséricorde,
« que j'oserais te promettre son par-
« don, si proche que soit le jour

« du jugement. » Réponse admirable,
qui mit en fuite le démon. Un grand
philosophe chrétien de notre siècle
a cité cette réponse comme la plus
haute expression de la miséricorde
divine, et comme renfermant dans
son sens profond la justification du
dogme de l'éternité des peines, lesquelles il est juste qu'elles durent
tant que persiste la volonté perverse
qui les a méritées. Or dans les dam-
nés, démons et hommes, cette volonté perverse est définitive et im-
muable.

On sait que dans les temps où l'É-
glise s'établissait sur les ruines du
paganisme, les possédés du démon
étaient plus multipliés que depuis.
Tertullien, cité à ce sujet par Bossuet,

Il délivre
les
énergumène

établit que le baptême empêchait le démon de prendre possession d'un chrétien, tandis que ces possessions étaient très - nombreuses parmi les païens. C'est ainsi que du temps de Martin, l'idolâtrie régnant encore sur un grand nombre d'âmes, les énergumènes se rencontraient assez fréquemment. Aussi les exorcismes étaient alors partout continuellement nécessaires. L'histoire des premiers siècles de l'Église en fait foi presque à chaque page. Notre saint eut donc à exercer souvent ce ministère, lui qui, ayant reçu la mission spéciale de substituer parmi nous la vraie foi aux superstitions païennes encore existantes, devait prendre personnellement plus de part que d'autres aux combats livrés entre le ciel et l'enfer.

La puissance de Martin était si grande contre le démon, qu'on avait observé que chaque fois qu'il sortait de sa cellule pour aller à l'église, on entendait à son approche redoubler les hurlements des énergumènes; c'était l'avertissement ordinaire de son arrivée prochaine. Ces malheureux étaient plus agités, et l'expression du désespoir plus violente en leur personne. « J'ai vu, dit Sulpice-« Sévère, un possédé, à l'approche « de Martin, s'élever en l'air les bras « étendus, et rester suspendu sans « toucher le sol; dans d'autres cir-« constances, ces malheureux étaient « enlevés par les pieds, mais sans

« que leur vêtement tombât sur
« la figure, et que leur nudité
« choquât la modestie. » Lorsque le
saint évêque faisait des exorcismes
pour obtenir la délivrance de ceux
dont le démon s'était emparé, on
voyait ces faits de suspension en
l'air et d'autres analogues se repro-
duire, tels qu'ils sont décrits par
les écrivains de l'antiquité ecclésiastique comme fréquents de leur temps,
et tels que les missionnaires chargés
d'aller détruire l'idolâtrie dans les
pays infidèles les décrivent dans
leurs relations récentes. Sans doute,
quand il chassait un démon, il exer-
çait le pouvoir que Jésus avait donné
à ses apôtres et à leurs successeurs,
ainsi qu'aux autres ministres délégués

à cet effet par l'Église. Mais comme,
d'après l'Évangile, c'est par le jeûne
et la prière que ce pouvoir est efficace dans certains cas, il voulait toujours procéder en adressant à Dieu,
sous la cendre et le cilice, la prière
la plus instante à l'appui des jeûnes
qui avaient précédé. Son ministère
ne prenait pas ordinairement contre
le démon la forme du commande-
ment ni de la réprimande : il parlait
à Dieu plutôt qu'au démon, et Dieu
lui accordait sa demande. Telle était
son habitude dans ses exorcismes
comme dans ses miracles. Cependant,
même sans interrogation de sa part,
sa prière à Dieu forçait souvent le
démon à faire, par la bouche des énergumènes, des aveux accompagnés de

signes non équivoques de la présence d'un agent surnaturel et mal-
faisant dans la personne de celui
qui évidemment n'était que l'organe
involontaire d'une parole dont la
pensée appartenait à un autre; cet
autre disait quelquefois son nom,
c'était ordinairement celui de l'une
des fausses divinités adorées alors
par les païens. Le démon ne cédait
la victoire qu'en témoignant par des
agitations affreuses communiquées à
ses victimes combien il souffrait violence; mais il était jugé, et condamné
à fuir devant un homme mortel, lui
autrefois ange immortel de lumière;
il fuyait, en montrant que déjà se
vérifiait cette parole de l'Évangile :
Les saints jugeront les anges.

Toujours humilié et toujours orgueilleux, le démon, toujours vaincu,
cherchait toujours à renouveler le
combat; ce qu'il ne pouvait par la
force, il essayait de l'obtenir par la
ruse, en employant toutes les res-
sources de sa perfidie, et toutes les
inventions fallacieuses qui sont l'a-
panage fatal de cet esprit de men-
songe. Séduire Martin, le faire tomber
par erreur dans quelque piège, renverser pour un moment ce puissant
lutteur qui lui portait sans cesse des
coups si cruels, c'eût été un triomphe
pour le démon, son grand adversaire,
dût-il bientôt après se relever plus
terrible encore. Les maîtres de la vie
spirituelle, tous ceux qui dans de
longues observations ont étudié la

tactique de l'ennemi de nos âmes en
joignant l'expérience aux enseigne-
ments des livres saints, ont reconnu
avec Bossuet, que « l'envie brûle
« Satan plus que ses flammes, c'est là
« ce qui lui fait embrasser les fraudes
« et les tromperies, parce que l'envie
« est une passion froide et obscure,
« qui ne parvient à ses fins que par
« de secrètes menées, et c'est par là
« que Satan est infiniment redoutable.
« Ses finesses sont plus à craindre
« que ses violences. » Jaloux de la
sainteté et de la gloire spirituelle de
Martin, Satan tenta de le tromper
par des apparences propres à sur-
prendre sa piété. Celui qui, ayant
transporté Notre-Seigneur sur le
pinacle du Temple, voulut s'en faire

adorer, voulut aussi se faire adorer
par notre saint, qui continuait l'œuvre
de Jésus - Christ en travaillant à détruire l'empire de Satan. Le saint
étant en prière dans sa cellule, un
grand éclat de lumière y pénètre
comme un rayon céleste, et au même
instant un homme environné de rayons
également lumineux se présente devant les yeux du serviteur de Dieu;
cet homme porte un manteau royal
sur ses épaules, une couronne d'or
ornée de pierreries sur sa tête et une
chaussure dorée à ses pieds. Sa bouche
est souriante, et son front est serein;
rien ne trahit les sombres méchancetés
et les cruelles angoisses de l'esprit de
ténèbres. En présence de cette apparition, Martin demeure stupéfait. Il

y a de part et d'autre un moment de
silence. Puis ce magnifique personnage, d'une voix douce et mielleuse,
prend la parole : « Reconnais donc,
« Martin, dit-il, celui qui se présente
« à toi : Je suis le Christ; devant des-
« cendre sur la terre, c'est à toi le
« premier que j'ai voulu me mon-
« trer. » Cette préférence eût pu
flatter l'orgueil jusqu'à obtenir aussitôt l'adoration; mais Martin garde
le silence et ne se laisse point séduire.
« Pourquoi, ajoute le fantastique in-
« terlocuteur, pourquoi hésites-tu à
« croire, puisque tu me vois? Je suis
« le Christ. » En ce moment, le Saint-
Esprit dévoile complétement à Martin
la fraude diabolique, et Martin s'écrie:
« Jésus Notre-Seigneur n'a point dit

« qu'il viendrait vêtu de pourpre et
« couronné d'un diadème; je ne croi-
« rai en sa présence qu'en le voyant
« tel qu'il était lorsqu'il souffrit pour
« nous, et portant les stigmates de
« son supplice. » A cette réponse,
le fantôme s'évanouit comme une
vapeur que le vent dissipe.

Si Martin fut bien des fois affligé
de l'odieuse présence du démon, il
fut aussi bien des fois consolé et
fortifié, non-seulement par l'apparition des anges du ciel, mais aussi
par celle des saints. Un jour Sulpice-
Sévère et un autre disciple veillaient
à la porte de Martin, dont la cellule
était fermée. Ils entendirent le bruit
d'une conversation, et ils éprouvèrent
en même temps un saisissement indé-

Les saint
lui
apparaisse

finissable; c'était comme une sainte frayeur, dont ils ne pouvaient se rendre compte que par l'effet de quelque chose de divin qui se passait non loin de leurs personnes. Deux heures après, Martin sortit de sa cellule. Sulpice-Sévère, plus accoutumé que les autres à recevoir dans l'occasion les explications demandées, osa l'interroger sur la cause de cette impression surnaturelle que son compagnon et lui avaient éprouvée. Quelles étaient, ajouta-t-il, les personnes qui s'entretenaient avec vous? « Je vous « le dirai, répondit le saint; mais, « de grâce, n'en parlez pas; Agnès, « Thècle, et Marie étaient tout à « l'heure avec moi. » Il décrivit leur physionomie et leur costume. La

mère de Dieu, accompagnée des deux
saintes qui furent si célèbres dès les
premiers siècles de l'Église, était donc
venue accorder à Martin la joie de sa
présence et les lumières de sa conversation ! Il ajouta que souvent il
voyait aussi saint Pierre et saint Paul.
En racontant ceci, le pieux narrateur
prend le Christ à témoin de la véracité
de son récit; et « personne, ajoute-
« t-il en terminant ce récit, personne
« ne sera assez sacrilége pour croire
« que Martin ait menti. » C'est ainsi
qu'il oppose sa propre conscience
et la sainteté de son maître à ceux
qui trouveront ces récits incroyables.

L'hérésie des priscillianistes avait
fait des progrès en Espagne. C'était
une erreur renouvelée des gnostiques

Il assiste
au concile
de Saragosse

et venue d'Égypte; on assembla à
Saragosse un concile où les hérétiques
furent condamnés. Un auteur cite
Martin parmi les évêques qui y sié-
gèrent. Il paraît qu'à son retour d'Espagne notre saint passa par Vienne
en Dauphiné. Il y rencontra le jeune
Paulin, depuis évêque de Nole, et fils
du préfet des Gaules. Ce jeune homme
avait un mal d'yeux qui le menaçait
de la perte de la vue. La cataracte
commençait à se former, il eut recours
à saint Martin pendant son séjour à
Vienne. Alors, prenant un petit pin-
ceau, Martin le passe doucement sur
l'œil malade, et le guérit instanta-
nément. A la suite de cette guérison
qui détermina Paulin à se faire baptiser, de saintes relations s'établirent

Il guérit
saint Paulin.

entre celui-ci et Martin, dont l'évêque de Nole a retracé les vertus, en prose et en vers, dans des pages où respirent l'admiration religieuse et l'affection filiale autant que la reconnaissance du pieux écrivain devenu plus tard saint Paulin (1).

Il y a lieu de croire que de Vienne saint Martin se rendit en Auvergne, où des miracles marquèrent ses pas, comme partout où il passait. Il était accompagné de Victrice, évêque de Rouen, qui paraît avoir puisé auprès de notre saint les vertus qui ont fait de lui-même un saint illustre.

Il va en Auvergne.

(1) Il ne faut pas confondre saint Paulin de Nole avec Paulin de Périgueux, qui a fait, au ve siècle, un poëme en six chants en l'honneur de saint Martin. Ce poëme reproduit en vers latins l'histoire et les dialogues de Sulpice-Sévère.

Un nouveau concile auquel l'évêque de Tours assista, fut tenu à Bordeaux. Priscillien, ne pouvant se disculper, en appela à l'empereur, et cet appel fut accepté par le concile, malgré l'opposition de Martin, qui ne pouvait admettre la compétence du prince dans une question doctrinale. Il y eut bientôt après des raisons de craindre que l'empereur, intervenant dans l'affaire des priscillianistes, ne prît des mesures de rigueur contre ces derniers. L'honneur et l'indépendance de l'Église compromis par les sévérités du prince, ainsi que les droits de l'humanité, parurent à Martin être en cause, et il prit le parti d'aller à Trèves défendre ces grands intérêts devant l'empereur.

Est-ce à ce voyage ou à un autre qu'il faut rapporter les faits racontés ci-dessus comme ayant eu lieu à Trèves? Peu importe. Ce point historique est sans intérêt d'édification, et l'édification est le seul objet de ce court opuscule. D'après les historiens, saint Martin aurait fait quatre voyages à Trèves; mais ils ne sont pas d'accord sur la place à donner aux faits qui s'y rapportent, bien qu'ils racontent tous ces mêmes faits qui sont ainsi d'une entière certitude. Voilà pourquoi on n'a pas la pensée de préciser ici, dans un ordre chronologique parfaitement exact, ce qui s'est passé à chacun de ces voyages de saint Martin. Il suffit de dire qu'il les a entrepris dans l'intérêt de la religion et de l'humanité, et de faire connaître ce qui, pendant ses divers séjours à la cour de l'empereur, peut intéresser la piété du lecteur et faire ressortir le caractère et les mérites de notre saint.

Maxime avait été proclamé empereur par les légions romaines qui s'étaient révoltées dans la Grande-Bretagne. Il avait passé dans les Gaules, s'était fait reconnaître par l'armée qui s'y trouvait, et, après la défaite et l'assassinat de l'empereur Gratien, il avait établi à Trèves le siége de son empire.

a présence
à la cour
l'empereur
Maxime.
Entre autres motifs qui avaient déterminé Martin à faire le voyage de Trèves, il y avait la triste situation des partisans de Gratien, les uns exilés,

les autres prisonniers, et plusieurs
condamnés à mort, tels que le comte
Narsès et le gouverneur Leucadius.
Notre saint voulut user de la con-
sidération qui l'environnait pour intercéder en faveur de ces condamnés
politiques, et faire révoquer les sen-
tences qui les frappaient dans leurs
personnes et dans leurs biens, dont
la confiscation avait été prononcée.
C'était encore une mission de charité
qu'il venait remplir à Trèves, à leur
égard comme à l'égard des priscillianistes.

Il trouva l'empereur environné de
personnages abaissés, tels entre autres
que les évêques du parti d'Ithace,
qui poursuivait les priscillianistes. Ces
courtisans ne savaient parler que le

langage de l'adulation. Il maintint sa
dignité, tout en respectant la puissance. Tandis que d'autres sollici-
taient avec des formes qui les avi-
lissaient, il exprima ses demandes en
leur donnant l'autorité de son caractère, et en parlant au nom de la
religion, de la justice et de l'humanité. On aurait dit que ses paroles
étaient des décisions plutôt que des
prières, tant elles étaient dignes et
justifiées par le bon droit et la saine
raison. Il ne cessa de commander à
tous le respect par sa conduite également exempte de hauteur et de bas-
sesse. Le prince l'invita à sa table; et
alors, avec une franchise épiscopale
bien digne de lui, Martin déclara ne
pouvoir s'asseoir à la même table avec

un homme qui avait privé un empereur de la vie et un autre de ses États. Le politique Maxime, comprenant l'autorité morale de l'évêque de Tours et l'influence de son nom dans le monde, jugea devoir entrer en explications. Il protesta qu'il n'avait accepté l'empire qu'après y avoir été contraint par les troupes, qu'il avait dû le défendre ensuite, que ses ennemis n'avaient péri que les armes à la main et sur le champ de bataille, et sembla ainsi repousser toute solidarité avec les assassins de Gratien. Il attesta enfin le succès incroyable de ses armes comme faisant connaître la volonté de Dieu. Martin, sans adopter ces allégations et ces raisons ni les combattre, estima

que, dans l'intérêt de ses malheureux
clients, il lui était permis d'accepter
l'invitation; il l'accepta. L'empereur
en parut fort satisfait; il convia à ce
repas les personnes les plus considérables, et entre autres son frère et
son oncle, comtes l'un et l'autre,
ainsi qu'Évodius, préfet du prétoire,
et depuis consul. Il plaça à côté de
lui Martin, et entre les deux comtes le
prêtre qui l'accompagnait. Au milieu
du repas, on offrit, selon l'usage, la
coupe à Maxime, qui, par honneur, la
fit présenter à Martin, dans la pensée
de la recevoir ensuite de ses mains;
mais l'évêque, après l'avoir portée à
ses lèvres, la fit passer à son prêtre,
pour honorer en celui-ci le sacerdoce.
Cette action fut applaudie par l'em-

pereur, et, à son exemple, par les courtisans étonnés de la hardiesse de cet évêque, si grand sous son pauvre habit de moine.

L'impératrice voulut à son tour offrir au saint évêque un repas, auquel elle invita l'empereur. Celui-ci joignit ses prières à celles de l'impératrice pour engager Martin à accepter. Il se rendit avec beaucoup de peine à cette seconde invitation, s'étant imposé l'obligation de fuir la conversation des femmes, quand la nécessité ou la charité ne l'obligeait pas à s'y prêter. Mais il avait à solliciter la délivrance des prisonniers, le rappel des exilés et la restitution de leurs biens confisqués, comme aussi il avait à défendre la vie des pris-

6*

cillianistes. La raison de charité prévalut. L'impératrice, oubliant la pourpre et le diadème, voulut tout disposer elle-même pour le repas du saint évêque. Elle plaça le siége, approcha la table, étendit le tapis; elle lui présenta l'eau pour laver les mains, et lui servit les mets qu'elle avait elle-même apprêtés. Tandis qu'il était à table, elle se tenait à distance, debout, dans un état d'immobilité respectueuse, les yeux baissés, et comme une humble servante. Le repas fini, elle recueillit religieusement les miettes qui étaient restées, les tenant pour plus précieuses que les mets les plus délicats de la table impériale.

Tout en faisant avec bonheur l'of-

fice de Marthe, l'impératrice tint aussi
à remplir l'office de Marie. Elle voulut
assister à tous les entretiens du saint
évêque. On la voyait toujours assise
à ses pieds, les arroser de ses larmes
et les essuyer de ses cheveux, à l'imitation de Marie. Elle était continuellement attentive à toutes les paroles de
Martin, et ne se lassait pas de l'écouter. Cet empressement et cette assi-
duité, par lesquels sa piété semblait
implorer la protection du saint sur une
situation politique qui n'était pas sans
péril, allaient jusqu'à l'importunité,
tandis que l'empereur, pensant avoir
gagné le puissant évêque, et voulant
sans doute le gagner toujours davantage à sa cause, l'appelait souvent
auprès de lui; leurs entretiens s'éle-

vaient à des considérations d'un ordre
supérieur aux choses terrestres. Ils
empruntaient à la sainteté de Martin,
à ses lumières surnaturelles et à sa
grande célébrité, un intérêt tout particulier. C'était une occasion qui mettait dans sa bouche les vérités les plus
importantes énoncées avec toute la
liberté et toute la puissance de l'en-
seignement le plus apostolique. Les
devoirs de la vie présente, les espé-
rances et les craintes pour la vie future
étaient l'objet de ces entretiens, dans
lesquels le calme et la simplicité de
la parole s'allièrent chez notre saint
à l'inspiration prophétique. Il donna
des conseils dignes de sa vertu et de
sa sagesse. A ces conseils il ajouta
une prédiction qui atteste en lui le

don de prophétie. « Si vous passez
« en Italie, dit-il à Maxime, pour
« faire la guerre à Valentinien le
« Jeune, comme vous en avez le
« dessein, vous serez victorieux d'a-
« bord, pour périr bientôt après. »
Cela se vérifia : vaincu dans un premier combat, Valentinien fut ensuite
vainqueur en Hongrie par le secours
de Théodose le Grand, et il assiégea
dans Aquilée son ennemi, qui, livré
par ses propres soldats, eut la tête
tranchée.

Il y avait à Trèves un évêque espa-
gnol, du nom d'Ithace, et plusieurs
autres évêques de la même nation,
qui, comme il a été dit, poursuivaient avec acharnement auprès de
l'empereur Maxime les priscillianistes,

Son opp
au p
d'Ith

pour les faire punir de mort. Bien que ces hérétiques fussent très-coupables contre la religion et-eussent même provoqué en certains points l'animadversion des lois, Martin, toujours fidèle à l'esprit de l'Église, déploya le plus grand zèle pour s'opposer à ce qu'on vengeât la vérité par des supplices, fussent-ils mérités. Il trouvait horrible que des évêques en vinssent à solliciter l'effusion du sang. C'était, disait-il, un crime inouï, *novum et inauditum nefas!* Il refusa de communiquer avec les Ithaciens; il agit en cela d'accord avec saint Ambroise, qu'il avait rencontré à Trèves, et qui était venu de Milan, envoyé par l'empereur Valentinien II. Animés l'un et l'autre des mêmes

sentiments, ils voulaient ainsi désa-
vouer hautement la conduite d'Ithace
et de ses partisans, et décliner, au nom
de la religion, toute solidarité avec des
hommes que leur animosité entraînait
au delà des bornes légitimes. Martin et
Ambroise eussent voulu les déterminer à se désister de leurs poursuites;
mais, n'ayant pu y parvenir, ils s'ef-
forcèrent de les combattre de tout
leur crédit et de tous leurs moyens.
Martin se montra si ardent et si ferme
dans son active charité, qu'il fut accusé
par Ithace de connivence avec les priscillianistes. Il avait condamné et il
condamnait toujours ces hérétiques;
nul plus que lui n'était opposé à leurs
détestables doctrines; mais il voulait
sauver leur vie, et empêcher que la

cause de la foi ne fût souillée de sang.
« La sentence épiscopale qui a frappé
« les hérétiques et les a chassés de
« leurs églises suffit, disait-il, et il
« ne faut pas qu'une affaire ecclé-
« siastique dépende d'un juge sécu-
« lier. » Sa présence et son action à
Trèves ne furent pas sans résultats.
Il obtint de l'empereur, d'abord un
sursis à la procédure contre les priscillianistes, et ensuite la promesse
qu'ils auraient la vie sauve, ainsi
que les proscrits politiques victimes
de leur attachement à la cause de
Gratien.

Il revient
à Trèves.

Il semblait avoir réussi dans l'objet
de son voyage, et, plein de confiance
dans la parole de l'Empereur, il
reprit le chemin de la Touraine ; mais

quand il se fut éloigné, les ithaciens,
n'étant plus empêchés par la grande
autorité et la juste influence d'un
évêque le plus accrédité de tous à
cause de sa sainteté et de sa réputation de miracles, intriguent encore
auprès de l'Empereur, font reprendre
la procédure, et le malheureux Priscillien, condamné à mort, fut exécuté.
D'autre part, ils obtiennent que des
tribuns militaires, avec pouvoir de
glaive, c'est-à-dire de vie et de mort,
seront envoyés en Espagne pour re-
chercher les priscillianistes, les punir
de mort et confisquer leurs biens.
Cette confiscation de biens tentait la
cupidité de Maxime, qui, d'ailleurs,
dans la situation des affaires, avait
un pressant besoin d'argent. On a

cru que ce motif surtout le portait à écouter les conseils des implacables ennemis qui poursuivaient les victimes désignées à la spoliation et à la mort. Dès qu'il apprit l'état de choses à Trèves, Martin, sollicité encore par d'autres proscrits, se met de nouveau en route pour cette ville. Son but est d'arracher à la mort les prisonniers politiques, et de faire révoquer la résolution d'envoyer des tribuns militaires à la poursuite des priscillianistes en Espagne. Son arrivée à Trèves est connue d'avance, son approche met l'alarme dans les rangs des ithaciens. Ils avaient réussi à n'être plus repoussés par leurs collègues. Tous les évêques présents dans la ville impériale, hors un seul,

nommé Théogniste, communiquaient
avec eux. Mais ils craignent que la
réprobation de leur conduite ne de-
vienne universelle, si un homme
comme Martin vient se joindre à leur
adversaire. Ils parvinrent à faire refuser au saint évêque de Tours l'entrée de la ville, s'il ne déclarait qu'il
était en paix avec eux. Il répondit
qu'*il venait avec la paix de Jésus-
Christ*. Ces paroles, qui avaient dans
sa pensée un autre sens que celui
qu'on entendait, lui ouvrirent les
portes de Trèves. Il alla d'abord à
l'église, et, le lendemain, il se présenta à l'empereur, qui le laissa en
suspens, sans lui donner aucune réponse décisive. Cependant Martin se
tint, dans la ville, éloigné des itha-

ciens, qui se donnaient toute sorte de mouvement pour que Maxime obligeât l'évêque de Tours à communiquer avec eux. « Ils coururent, dit Sulpice-
« Sévère, tout tremblants auprès de
« l'empereur, se plaignant avec dou-
« leur d'être condamnés d'avance.
« Ils croyaient que c'en était fait
« d'eux tous, si le puissant évêque
« restait uni contre eux à l'opiniâtre
« Théogniste, qui les avait publique-
« ment condamnés, et ils représen-
« taient Martin comme n'étant déjà
« plus le défenseur, mais le vengeur
« des hérétiques et l'un d'entre eux. »
Ils avaient presque amené Maxime à confondre Martin avec ceux-ci; du moins, ils avaient réussi à produire des préventions dans l'esprit de l'em·

pereur. Dans une nouvelle audience
à laquelle Maxime avait appelé notre
saint, l'empereur essaya de justifier
Ithace et ses amis. Il parla avec douceur et modération. « Les hérétiques,
« disait-il, sont coupables; il ont été
« condamnés judiciairement, et n'ont
« point été victimes de la haine des
« évêques. Il n'y a pas de raisons
« suffisantes pour refuser de commu-
« niquer avec Ithace et ses partisans.
« Théogniste s'est séparé d'eux, plu-
« tôt par haine que par un motif
« légitime, et il est le seul qui l'ait
« fait; les autres évêques n'ont rien
« changé dans leurs relations avec
« Ithace, et le concile lui-même,
« réuni il y a quelques jours, a dé-
« claré qu'Ithace était innocent. »

Mais, voyant que ses paroles faisaient peu d'impression sur Martin qui restait inébranlable dans son refus, l'empereur prit la contenance d'un homme irrité, et congédia brusquement le saint évêque, pour aller donner l'ordre d'envoyer à la mort ceux pour qui Martin était venu intercéder, c'est-à-dire le comte Narsès, le gouverneur Leucadius et les autres prisonniers politiques.

En apprenant cette terrible décision, le saint évêque est hors de lui, et se demande s'il doit laisser périr ces infortunés pour ne pas communiquer avec des évêques qui avaient de grands torts sans doute, mais qui, après tout, n'étaient pas excommuniés. Il éprouve une cruelle per-

ommunique avec ithaciens.

plexité; il faut qu'il se décide, le
temps presse; la nuit approche, et
il ne peut pas attendre le lendemain.
Enfin son horreur du sang et son
cœur compatissant l'emportent sur
ses résolutions. Il court auprès de
Maxime, et lui promet de communiquer avec Ithace, à condition que
la sentence de mort sera révoquée,
ainsi que l'ordre d'envoyer des tribuns militaires en Espagne, où il
savait que de nombreuses exécutions
seraient la conséquence de cette mesure. L'empereur lui accorde tout;
et le lendemain, à l'occasion du sacre
d'un évêque nommé Félix, homme
d'ailleurs recommandable, Martin se
trouve à l'église en communion avec
ceux que jusqu'alors il avait repoussés.

s regrets
l'avoir
muniqué
avec
ithaciens.

Cette condescendance de sa charité arrachée violemment à son cœur par une nécessité qui avait presque dominé sa liberté, il se la reprocha aussitôt. Il refusa, le jour suivant, de signer une attestation de sa communion avec les ithaciens, et, profondément affecté de ce qui se représentait par moments à son esprit comme une faiblesse coupable, il quitta cette ville de Trèves, où une telle épreuve lui avait été infligée.

On est touché de le voir assailli de pensées contraires, et livré aux cruelles anxiétés de sa conscience, dans l'examen de sa conduite. Il éprouve intérieurement une profonde humiliation dans la crainte d'avoir failli, et ne se croit plus digne des grâces dont Dieu l'a favorisé. D'autre part il songe qu'il avait été à Trèves pour sauver la vie des accusés. Il se dit que c'était pour ne pas tremper dans le crime de leur mort qu'il s'était séparé des ithaciens, et il lui semble qu'il avait pu, qu'il avait même dû communiquer avec eux pour empêcher un malheur dont il ne se serait pas cru tout à fait innocent s'il s'était refusé à la condition qui lui avait été imposée. Il était agité de ces pensées en s'éloignant de Trèves. Il gémissait le long du chemin sur cette malheureuse communion de quelques heures. Arrivé près du bourg d'Andethanna (1), sur la lisière des

(1) Aujourd'hui le bourg d'Echternach, à l'entrée du Luxembourg, sur la rivière de Sour, à quatorze kilomètres de Trèves.

7

vastes forêts qui couvraient alors
pays, il laissa ses compagnons
voyage prendre le devant, et toujo
tristement préoccupé de sa faute, tantôt
réelle, tantôt non réelle à ses yeux,
il s'assit sur le bord de la route, continuant à s'accuser et à se défendre
est consolé   tour à tour lui-même. Alors un ange
par
un ange.   se présenta à lui, et lui dit : « C'est
« avec raison que tu t'affliges; cepen-
« dant tu ne pouvais sortir de là
« autrement. Ranime ton courage,
« afin de ne pas mettre maintenant
« en péril, non ta réputation, mais
« ton salut. » Ces paroles le rele-
vèrent de son abattement. Il était
humilié par le sentiment de ce qu'il
regardait comme une tache pour son
épiscopat; mais il se résignait à cette

humiliation, en tâchant de la rendre
utile à son salut. Sans doute cette
disposition de son cœur rendit sa
faute heureuse, si faute il y avait, et
contribua à augmenter, devant Dieu,
des mérites sur lesquels cette épreuve
répand on ne sait quoi qui intéresse
davantage à sa mémoire. On le plaint
à cause de ses souffrances, et on l'en
aime d'autant plus que l'on reconnaît
les peines d'une âme humaine dans
cette âme qu'une vie si prodigieuse
élevait sans cesse au-dessus de l'humanité. Mais le touchant intérêt qui
s'attache à lui inspire en même temps
une véritable indignation contre ce
parti d'Ithace, qui est la cause de
cette situation, même après tant de
siècles. On ne saurait s'empêcher

d'en vouloir à ces hommes odieux,
qui, non contents d'être couverts de
sang, font encore connaître à l'âme
de ce vieillard si saint et si vénérable
une peine qui ressemble presque au
remords.

Cependant il refusa dorénavant de
communiquer avec eux ; il porta con-
stamment le poids de sa prétendue
faute pendant seize ans qu'il vécut
encore. Il lui semblait que son pouvoir avait été diminué, et que c'était
avec moins de facilité, il le disait en
pleurant, qu'il délivrait les possédés.
Sous l'influence du douloureux souvenir de cette fatale communion, quoi-
qu'il n'y eût participé, de son propre
aveu, que par nécessité et non de
cœur, il s'interdit jusqu'à la fin d'as-

sister à aucun concile ou réunion d'é-
vêques. Ce fut comme une pénitence
que son humilité lui imposa, et c'est
ce qui explique pourquoi il ne voulut
pas assister au concile tenu à Nîmes,
et dont il est parlé ci-dessus.

Cette diminution de puissance miraculeuse qu'il disait sentir en lui ne
fut pas de longue durée, si son sentiment à cet égard ne fut pas une
sainte illusion de cette humilité si
profonde. Il redoubla d'austérités, et
à ce prix il parut recouvrer ce qu'il
croyait avoir perdu. Dieu voulut
même exalter son serviteur à pro-
portion de l'humiliation qu'il avait
ressentie.

Un énergumène amené à la porte
du monastère fut délivré avant d'en

avoir touché le seuil. Un marchand égyptien naviguait par la mer Tyrrhénienne pour se rendre des côtes de France à Rome. Le navire fut assailli par une furieuse tempête. Dans sa frayeur, ce marchand, qui n'était pas encore chrétien, s'écria : « Dieu de Martin, sauvez-nous. » Et à l'instant les flots s'apaisèrent. Ce fait a été raconté à l'historien contemporain par un des passagers.

Il reçoit Marmoutier es cousins. Il y avait déjà quelque temps que Martin avait reçu la visite de sept de ses cousins venus de Pannonie. Ils lui avaient promis d'entrer dans son monastère après qu'ils auraient accompli un pèlerinage aux principaux sanctuaires de Rome et de la Terre-Sainte. Ils étaient venus

le voir, et lui demander sa bénédiction avant d'exécuter leur pieux
dessein. Ils sont de retour de leur
pieux pèlerinage , ils ont apporté
une grande quantité de reliques, ils
les donnent à Martin, et se donnent
eux-mêmes à lui pour vivre sous sa
discipline. Ils furent installés dans
une grotte pratiquée dans le rocher,
et quelque temps après deux d'entre
eux , Clément et Prime , furent or-
donnés prêtres; deux autres, Lætus
et Théodore , diacres , et les trois
autres , Gaudens , Quiriace et Innocent, sous-diacres. Ils sont connus
sous le nom des Sept Dormants.
D'après la tradition, ils sont morts
tous les sept le même jour. Après
leur mort, ils avaient l'air d'être seu-

lement endormis, d'où leur vient leur nom. L'Église de Tours les honore comme saints.

détermine
un miracle
Maxime
à
ccompagner
dans
pèlerinage
le Rome.

Il semblerait que les reliques précieuses que ces bons pèlerins avaient apportées, et que les grâces qu'ils avaient obtenues, ont déterminé Martin à faire lui-même le pèlerinage de Rome. Il désire emmener avec lui Maxime, qui lui devait sa vocation à la vie religieuse, et qui, après avoir habité le monastère de l'île Barbe à Lyon, est venu pour en fonder un près de Chinon. Maxime refuse d'accompagner le saint tant qu'il n'a pas bâti son monastère à peine commencé. On était sur les bords de la Vienne, et Maxime, en se séparant de Martin, veut repas-

ser la rivière pour regagner sa demeure. Mais un coup de vent renverse la nacelle qui le porte, et il
disparaît lui – même sous les eaux.
Alors Martin ordonne à Maxime de
venir à lui; Maxime obéit à cet ordre,
et dit ensuite qu'au milieu des flots
il lui semblait être enveloppé de l'habit
de Martin, qui le garantissait de tout
danger.

Cet événement change les dispositions de Maxime, qui part pour Rome
avec son ancien maître. Ils arrivent
sur les confins de la Touraine, dans un
lieu nommé *Claudiomachus* (Châtillon-
sur-Indre). Le saint passe la nuit
dans la sacristie d'un couvent de religieuses. Quand il fut parti, les bonnes
sœurs, inspirées par leur grande

La paille
sur laquelle
il a couché
délivre
un possédé.

7*

vénération pour sa sainteté, vou-
lurent avoir chacune une petite portion de la paille sur laquelle il avait
couché. Cette dévotion fut récom-
pensée par la délivrance immédiate
d'un possédé au cou duquel une
sœur avait suspendu la portion de
la paille qu'elle avait religieusement
recueillie.

Il guérit
un lépreux
Levroux.

Continuant sa route, Martin arrive
à un lieu nommé plus tard *Leprosum*,
aujourd'hui Levroux, dans le Berry.
Il va prier dans l'église Saint-Syl-
vain. Au sortir de l'église, le seigneur ou propriétaire du lieu se
présente à lui, et le supplie à genoux
d'accepter l'hospitalité dans sa maison. Cet homme est atteint de la
lèpre. Martin, sans se laisser rebuter

par cette hideuse infirmité, accepte
l'invitation et donne à son hôte le
baiser de paix. Mais aucun changement ne se produit dans l'état du
malade. Celui-ci, après le repas, se
prosterne aux pieds du saint, et lui
demande d'obtenir de Dieu sa guérison. La réponse est que le lendemain le lépreux doit assister au divin
sacrifice, et participer aux saints
mystères. « Je suis ton débiteur, lui
dit-il; je prierai pour toi. » Le lendemain, le lépreux se présente à la
communion, reçoit le baiser de paix
de la bouche de Martin et la divine
Eucharistie de ses mains. Aussitôt
il est guéri, à la grande admiration
et aux cris de louanges de tous les
assistants. On croit que ce lieu a été

appelé *Leprosum* en mémoire de ce miracle. Une ancienne tapisserie du xvi° siècle, conservée dans la petite ville de Montpesat, le représente dans un de ses tableaux.

entreprend renverser n temple n à Autun.

Arrivé au pays des Éduens (Autun), Martin n'oublie pas sa mission d'abolir l'idolâtrie. Il y avait, à l'est de la ville actuelle d'Autun, un temple très – ancien ; c'était un des derniers restes du paganisme. Le saint entreprend de détruire ce temple dédié à Saron, divinité vénérée des anciens Gaulois. Il avait déjà brisé l'autel et l'idole, quand une multitude de païens furieux vinrent contre lui, l'épée à la main. Martin, au lieu de fuir, attend les agresseurs ; puis, rejetant son manteau, il présente son cou à celui

d'entre eux qui était le plus près.
Celui-ci lève le bras pour frapper;
mais à l'instant une force invisible le
fait tomber à la renverse, une frayeur
subite le saisit, et il demande pardon
au saint, qui poursuit son œuvre.
Cette fois il ne lui parut pas nécessaire de détruire entièrement le
temple comme en d'autres lieux.
Après avoir fait disparaître tous les
symboles païens de l'ancien édifice,
il le consacra au vrai Dieu, sous
l'invocation des saints apôtres Pierre
et Paul, dont il allait visiter les
tombeaux à Rome. Ce temple a pris
depuis le nom de Saint-Martin, ainsi
que le monastère des bénédictins
qui s'est dans la suite établi à cet
endroit. C'est là que se trouve au-

jourd'hui, sur l'emplacement d'un camp romain, la campagne du grand séminaire d'Autun.

Ce qui vient d'être raconté rappelle que dans une autre occasion, tandis que Martin était occupé à renverser des idoles, un païen s'avança pour lui donner un coup de couteau; mais au même instant le fer tomba de la main homicide et disparut.

retourne
e Rome.

Après avoir satisfait à sa piété dans la capitale du monde chrétien, Martin se remet en route pour revenir à Tours. Il laisse plusieurs de ses disciples sur les lieux qu'il traverse et ils y établissent des monastères. Il n'a plus avec lui qu'un très-petit nombre des siens, quand dans son retour il atteint les Alpes. On ne se doute pas qu'il est ce personnage célèbre dans toute l'Église dont les pas sont partout accompagnés du don des miracles comme d'un privilége permanent attaché à sa personne. Sa piété lui fait cependant désirer de ne pas passer près des lieux où la légion Thébéenne a été immolée pour Jésus-Christ, sans vénérer les reliques de ces glorieux martyrs dans la ville d'Agaune, où il sait qu'elles sont conservées. Il fait sa prière devant ces précieuses reliques, et demande aux ecclésiastiques à qui la garde en est confiée de lui donner une petite parcelle de ces ossements sacrés. On ne voit en lui qu'un obscur pèlerin, et on lui refuse sa demande. Alors il s'en va au lieu même du mar-

Il apporte des reliqu des marty de la légi Thébéenn

tyré de ces illustres athlètes de la foi, et les genoux en terre, les mains et les yeux levés vers le ciel, il prie le Seigneur de faire sortir des entrailles de la terre quelques gouttes du sang généreux dont elle fut imprégnée au jour qu'il fut versé en si grande abondance pour Jésus-Christ. Après cette fervente prière, il coupe l'herbe de ces champs, et de cette herbe coule du sang qu'il recueille dans trois fioles. Il est alors inspiré de se faire connaître à ceux qui lui ont refusé des reliques. Il leur laisse une des fioles du sang qu'il a recueilli, et apporte les deux autres. Il n'y a pas longtemps, on a retrouvé à Candes, dans l'intérieur d'un autel, une fiole qu'on suppose renfermer une partie du sang

des martyrs de la légion Thébéenne.
L'autre fiole fut donnée à Angers. On
conserve encore à Saint-Maurice, dans
le Valais, celle que saint Martin y
laissa. Le récit du miracle obtenu à
Agaune se trouve dans une légende
écrite au xie siècle, et qui témoigne
de la tradition des églises de Tours et
d'Angers à cette époque reculée. Cette
tradition est trop respectable pour
qu'elle ait été omise. Elle ne présente
pas des faits plus extraordinaires que
d'autres racontés par des contemporains souvent témoins de ce qu'ils
avancent, et dont la bonne foi ne
saurait être révoquée en doute. Celui
qui au dernier jour ressuscitera nos
corps est assez puissant pour ordonner
à la terre de rendre avant la fin des

temps le sang qu'elle recélait dans son sein. Ce fut même là le sens de la prière de Martin pour obtenir ce qui, après tout, n'est qu'un miracle possible à Dieu comme tous les autres. D'ailleurs on sait d'une manière certaine que saint Martin, ayant agrandi l'église bâtie par saint Lidoire, son prédécesseur, la dédia à saint Maurice et à ses compagnons, dont il y plaça des reliques. La cathédrale de Tours a porté longtemps le nom de Saint-Maurice. Est-ce qu'il n'y a pas là quelque présomption à l'appui du récit légendaire du xie siècle, récit reproduit et adopté dans des écrits qui ne sont pas absolument sans autorité?

Il guérit
la fille
'Arborius.

Martin était de retour dans son diocèse, quand il reçut la visite d'Ar-

borius, ancien préfet de Rome. Ce
personnage était accompagné de sa
fille, qu'il venait présenter à l'évêque
de Tours pour qu'il lui donnât de sa
main le voile des vierges. Il y avait
dans cette démarche une raison de
pieuse gratitude. Le bruit répandu
partout de la sainteté et des miracles
de Martin avait frappé Arborius, qui
était un homme plein de foi et de
piété. Or, sa fille étant en proie à
une fièvre violente, il avait eu la
pensée de placer sur la poitrine de
la malade une lettre de Martin qui
lui était tombée entre les mains.
L'accès de fièvre était extrême en ce
moment; il cessa incontinent, et en
même temps la guérison fut complète.
C'est cette fille, rendue à son père par

le Seigneur, que ce père venait consacrer au Seigneur sous les auspices
de saint Martin, regardé comme l'instrument de la grâce accordée à son
affection paternelle. Il y a lieu de
penser que la fille d'Arborius reçut
le voile des vierges dans un monastère
de femmes que le saint avait fondé
sur un îlot de la Loire au commencement de son épiscopat.

Ce même Arborius, si reconnais-
sant envers Dieu, fut récompensé du
sacrifice qu'il avait fait au Seigneur
de sa fille. Il reçut du ciel un témoignage précieux. Un jour, tandis
que Martin était à l'autel, Arborius
vit tout à coup les mains du saint
étinceler d'un éclat tout à fait extraordinaire; elles semblaient ornées

de pierreries mystérieuses, symboles
de la dignité sainte de ces mains
sacerdotales.

Dieu se plaisait toujours à glorifier
le serviteur fidèle qu'il avait établi
à la tête de sa famille pour changer
la face du pays. Une femme souf-
frant d'une perte de sang touche avec
foi le vêtement de Martin, et elle est
aussitôt guérie comme l'hémorroïsse
de l'Évangile. Un serpent traversait le
fleuve en se dirigeant vers Martin et
ses disciples. « Au nom du Seigneur,
lui dit Martin, je t'ordonne de te
retirer. » Le serpent se retourne, et
gagne aussitôt la rive opposée. Alors,
répondant à l'admiration exprimée par
ses disciples, Martin se mit à pleurer, et, faisant allusion aux peines

que lui causait alors l'indocilité de quelques-uns des siens, il s'écriait avec l'accent de la douleur : « Les ser- « pents m'écoutent, et les hommes « ne veulent pas m'écouter! » Il vit un jour un lièvre poursuivi par une meute de chiens. Le pauvre animal était aux abois et allait tomber sous les coups des chasseurs, quand Martin, dans un sentiment de pitié pour cette innocente bête, la prend sous sa protection. Il dit aux chiens de cesser leur poursuite. Ils restent immédiatement immobiles, et le lièvre, délivré de ses ennemis, trouve son salut dans la fuite.

Il est cause d'une pêche miraculeuse.

Le jour de Pâques, on avait coutume de manger du poisson au monastère, sans doute pour prendre part à la joie de la résurrection du Sauveur par un aliment différent de la grossière nourriture du reste de l'année. Un peu avant le repas, Martin demande au diacre Caton, chargé de l'économat de la communauté, s'il y avait du poisson. Nous n'en avons pas, répond le diacre; nous n'avons pu rien prendre de toute la journée, ni moi, ni les autres qui font le métier de la pêche. — Eh bien, allez, lui dit Martin, et votre pêche sera bonne. » Caton exécute cet ordre. Tous les frères, profitant de la récréation accordée ce jour-là en signe de réjouissance, vont, non loin de leur cellule, sur le bord du fleuve, pour être témoins de ce qui arrivera, et ils voient le premier coup de filet

amener un énorme saumon. Ce fait
rappelant à tous la pêche miraculeuse
de l'Évangile, ils disaient entre eux
que Martin, digne disciple de Jésus-
Christ, l'imitait jusque dans ses miracles. Ils y virent au reste, d'après
la remarque de Sulpice-Sévère, moins
l'action de leur maître que celle de
Jésus-Christ lui-même, qui voulait
glorifier son serviteur par cette simi-
litude.

Il n'est
pas consumé
au milieu
des flammes.

Pendant l'hiver, Martin, visitant une
église de son diocèse, s'était couché,
pour prendre le repos de la nuit,
sur un lit que des clercs lui avaient
préparé dans la sacristie, où alors
il y avait toujours plusieurs pièces
destinées à servir de logement. Ce
lit n'était composé que de quelques

bottes de paille. Il trouva cette couche trop molle, et s'endormit sur son cilice, qu'il avait étendu par terre, selon son usage, après avoir repoussé aille vers un fourneau que ses ples avaient allumé. Mais, le feu nt communiqué à cette paille, il veilla en sursaut. Dans un pre- mouvement, sans avoir eu le s de se reconnaître, il se diri- gea vers la porte, et tâcha en vain d'enlever la barre qui la tenait fer- mée. Il était d'ailleurs impossible d'éteindre le feu; il l'enveloppait, et déjà ses vêtements étaient atteints. Alors il renonça à chercher une issue, et eut recours à la prière. Il fit le signe de la croix, et resta prosterné au milieu des flammes qui s'éloignaient de lui. Leur pétillement fut entendu des moines; ils vinrent ouvrir la porte, et le trouvèrent sain et sauf dans cette fournaise ardente, où, sans miracle, il eût dû être consumé. Le péril de cette nuit, bien que provenant de causes naturelles, lui parut un effet des artifices du démon, qui lui avait enlevé à son réveil la pensée de la prière. Il retrouvait là, comme ailleurs, le démon toujours fidèle à la menace faite autrefois au sortir de Milan. Martin croyait d'autant plus devoir son salut à la prière, qu'il assurait avoir cessé de sentir l'action du feu, dès l'instant de son invocation au Seigneur, et avoir éprouvé, au contraire, un rafraîchissement comme celui d'une douce rosée.

Continuant la visite de son diocèse, Martin passa devant une petite maison de campagne habitée par une vierge dont tout le monde louait la vertu. Il eut la pensée de faire une visite religieuse à cette sainte fille. Il savait bien qu'elle n'admettait personne en sa présence; mais on était fondé à croire qu'elle dérogerait à sa coutume en faveur de l'évêque de Tours. Il n'en fut rien. Elle fit dire qu'elle était recluse, qu'elle ne pouvait recevoir le prélat, et le priait d'agréer ses respectueuses excuses. Le saint loua cette fermeté; mais comme la nuit approchait, on s'arrêta dans une maison rustique, non loin de l'habitation de la pieuse recluse. Elle l'apprit, et envoya aux

Il loue la fermeté d'une sainte fille qui refuse de le recevoir.

voyageurs le présent connu sous le nom de présent de l'hospitalité, et qui parmi les chrétiens portait aussi le nom de bénédiction, ou d'eulogie. Martin accepta ce présent, contre son constant usage de refuser les présents de tout genre. Ses disciples en furent étonnés ; mais il leur dit : « Un prêtre ne peut dédaigner la bénédiction d'une vierge plus sainte que beaucoup de prêtres. » Il saisit cette occasion de donner à ses disciples des leçons sur la dignité des vierges du Seigneur et sur l'amour de la solitude. Il ne perdait jamais, pour l'édification d'autrui, non plus que pour sa propre édification, les occasions, même les plus imprévues, qui pouvaient se présenter. Sa vie était un enchaînement

continuel d'actions ou de paroles édi-
fiantes. Sulpice-Sévère s'exprime en
des termes qui indiquent l'impression
que produisit sur ces hommes de solitude le refus de la recluse, et le
jugement qu'en porta saint Martin.
« O glorieuse vierge, dit-il, qui ne
« souffrit pas les regards de Martin
« lui-même! O heureux Martin, qui,
« loin de considérer ce refus comme
« une injure, exaltait cet acte de
« vertu dont on n'avait pas encore
« vu d'exemple dans ces contrées! »
En effet, dans ces temps où l'on sortait à peine du paganisme, cette austérité de la vie religieuse ne pouvait
que frapper les esprits encore étrangers à cet ordre d'idées, et les appré-
ciations de notre saint étaient de

nature à renfermer une utile leçon donnée avec à-propos. Cependant l'étonnement éclate dans le langage de l'historien ; il s'écrie : « Que l'uni-
« vers l'entende : une vierge n'a pas
« permis à Martin de la voir. Ce n'est
« pas au premier prêtre venu qu'elle
« a refusé l'entrée de sa maison,
« mais à celui dont la vue était le
« salut de ceux qui le voyaient... En
« préconisant la vierge solitaire, je
« ne prétends point blâmer celles qui
« viennent souvent des pays les plus
« lointains pour voir Martin. Les
« anges eux-mêmes, attirés vers lui
« par la même affection, ne lui font-
« ils pas aussi de fréquentes visites ? »
Ces derniers traits attestent l'idée que l'on avait de Martin, et quelles étaient

sa réputation répandue au loin et la confiance des peuples à son égard pendant sa vie.

Les courses de notre saint étaient fréquentes : il parcourait son diocèse dans tous les sens, et, comme on l'a déjà vu, il en sortait quelquefois, mais toujours pour le service du Maître dont il était le ministre. Ses voyages se faisaient à pied ou sur un âne. Un jour, allant à Chartres, il traversait un village païen; c'était, suivant la tradition, *Vindocinum*, aujourd'hui Vendôme. Son passage étant connu d'avance, les habitants, mûs par la curiosité qu'excitait une réputation sans exemple depuis les apôtres, étaient accourus pour le voir. Lui, de son côté, ne voulait pas passer

Il ressuscite un mort, et convertit tout un peuple.

sans faire du bien à ce pauvre peuple.
Il attend d'en être entouré; alors,
levant les yeux au ciel, il prie de
toute son âme le Seigneur d'éclairer
ceux pour qui il ressent une tendre
compassion. Un mouvement intérieur
l'avertit de l'assistance du Saint-
Esprit, et d'une voix surhumaine il
annonce à ce peuple les vérités du
salut. Sa parole est si vive, si pé-
nétrante, si supérieure en force à
toute parole de l'homme, qu'on aurait dit Dieu lui-même parlant par
sa bouche. L'impression était grande
parmi les auditeurs, lorsqu'une femme
qui venait de perdre son fils unique
vint à travers la foule apporter à
Martin le corps de ce fils, en disant:
« Nous savons que tu es l'ami de

« Dieu; rends-moi mon fils, mon
« fils unique. » Le saint, pénétré
de la pensée que c'était une occasion offerte par la providence misé-
ricordieuse du Seigneur de donner à sa prédication la confirma-
tion la plus éclatante, prend l'enfant dans ses bras, fléchit le genou,
adresse à Dieu une fervente prière;
puis, comme Notre-Seigneur avait
fait à la veuve de Naïm, il rend
à la mère son fils ressuscité. *Et
dedit illum matri suæ.* Alors tout
ce peuple de s'écrier que le Dieu de
Martin est le vrai Dieu, et, tous se
prosternant aux pieds du saint, lui
demandent à être instruits pour recevoir le baptême; et lui, exauçant
leurs vœux, les fait tous catéchu-

mènes par une imposition générale des mains.

D'après une tradition locale, cet événement a eu lieu à l'endroit où s'élève à Vendôme l'église paroissiale de Saint-Martin. C'est en mémoire de cette vie donnée une seconde fois que fut construite aussi à Chartres une église sous le vocable de saint Martin donnant la vie : *ecclesia sancti Martini vitam dantis.*

Encore selon la même tradition, saint Martin, à son retour de Chartres, passa de nouveau par le lieu où il avait ressuscité l'enfant ; il y trouva cette population de catéchumènes parfaitement instruite par les disciples qu'il avait laissés avec elle, et il la baptisa tout entière.

Quand Martin fut arrivé à Chartres, Il guérit une muette de naissance on lui présenta une jeune fille âgée de douze ans, et muette de naissance. Le père le suppliait de lui rendre l'usage de la parole. Martin s'en défendit en disant que c'était aux évêques Valentinien et Victrice, qui étaient présents, qu'était dévolue cette tâche. Mais comme les prélats joignirent leurs instances à celles du père de la jeune fille, il se mit en prière, récita une formule d'exorcisme sur un peu d'huile qu'il bénit, en versa quelques gouttes dans la bouche de la muette, et lui demanda le nom de son père, que celle-ci prononça aussitôt d'une voix bien articulée. Le père s'écria que c'était la première parole qu'il entendait prononcer par sa fille, et elle fut guérie sans retour.

Il est à remarquer que, dans cette circonstance comme dans une autre à Trèves, Martin, se trouvant en présence d'autres évêques, ne voulut pas opérer le miracle par une action directe de sa part. Dans l'un et l'autre cas, il en appela, avant d'agir, au ministère de ses collègues, et, sur leur refus, il procéda par une fonction de ce ministère qui leur était commun avec lui. Il bénit de l'huile, et c'est par cette huile que la guérison fut obtenue. Il y avait là sans doute délicatesse et humilité de sa part, mais aussi une leçon pour apprendre aux fidèles à recourir au ministère ecclésiastique. Il voulut leur montrer l'effi-

cacité des bénédictions de l'Église,
lesquelles, en effet, sont toujours
faites avec des prières puissantes qui
expriment formellement cette secrète
efficacité pour le bien de l'âme et pour
celui du corps en faveur des hommes
de foi.

Un ange vint un jour annoncer à
Martin que Liboire, évêque du Mans,
avec qui il était lié d'une sainte amitié, était dangereusement malade.
C'était une de ces communications qui
impliquaient un ordre du Ciel. Notre
saint s'achemine vers le Mans pour
aller visiter une dernière fois son frère
mourant. Quand il touche déjà à un
faubourg de la ville, il voit dans les
champs un homme occupé à bêcher sa
vigne; il l'appelle, descend de son

Il donne un évêque à l'église du Mans.

âne, et après lui avoir donné la plus
étrange surprise en lui annonçant sa
prochaine élévation à l'épiscopat, il
lui impose avec autorité cette vocation
inattendue et l'emmène avec lui. Cet
homme portait le nom de Victor. Ils
se rendent auprès de Liboire, qui,
couché sur la cendre et revêtu d'une
haire, récitait des psaumes et prélu-
dait par la jubilation de son âme à la
joie du ciel dans laquelle il allait entrer. Le vénérable agonisant éprouve
un redoublement de bonheur en revoyant Martin, qui, avec une charité
toute fraternelle, lui donne le baiser
de paix, et après lui avoir administré
les derniers sacrements reçoit son dernier soupir.

Après les funérailles présidées par

l'évêque de Tours, Victor s'était caché ; mais il est bientôt découvert, et le lendemain il est proposé au peuple pour être élu évêque du Mans. « Voilà celui que le Seigneur a choisi, dit Martin en posant la main sur Victor. — Mais, dit celui-ci, je suis marié et j'ai un enfant. » Il était sous-diacre ; le mariage était encore à cette époque permis aux sous-diacres en bien des endroits. Cependant on va chercher la femme de Victor, nommée Maura. Notre saint l'interroge sur la conduite qu'elle tiendrait si son mari devenait évêque. Elle déclare qu'elle ne serait plus pour lui qu'une sœur ; et alors Martin fait monter Victor sur la chaire épiscopale en disant : « Voici le grand prêtre que

« le Seigneur a choisi, chérissez – le,
« car le Seigneur est avec lui. » Sur ce
témoignage, le peuple rend grâces à
la Providence, et accepte pour évêque
Victor, qui reçoit des mains de Martin
l'ordination épiscopale, tandis que
Maura, reçoit le voile religieux et leur
fils le baptême. Martin annonce à cet
enfant qu'il succèdera à la charge de
son père. Il est âgé de dix ans; il se
nomme Victure ; il suivra partout
Martin, dont il est le filleul, et qui se
servira de lui en mille choses, même
pour faire des miracles. Dès lors il
emmène avec lui ce fils spirituel que
le Ciel lui a donné pour n'en être plus
séparé. Après trois jours de marche
et en touchant au terme de leur
voyage, ils voient un pauvre men-

diant qui semblait désirer du secours
pour passer la Loire. Martin saisit cette
occasion de faire le bien, et d'initier
son jeune compagnon au service de
sa charitable puissance. » Va trouver
ce pauvre, dit Martin à l'enfant, et
lave-lui la figure avec l'eau du fleuve ;
tu me l'amèneras ensuite. » L'enfant
va annoncer au pauvre que le seigneur
évêque l'appelle. « Alors donne-moi
la main, répond le mendiant : je suis
aveugle, et je ne pourrais aller tout
seul. Laisse-moi auparavant, dit Victure, te laver le visage. Il le fait ;
l'aveugle recouvre la vue immédiatement, et peut, disent les narrateurs,
contempler le ciel et la terre. Victure
fut toute sa vie un disciple dévoué de
saint Martin, qui veilla soigneusement

sur lui, et le forma au grand ministère pour lequel il lui avait annoncé
sa vocation.

Victure fut toujours docile; mais
un autre appelé au même ministère
fut assez longtemps un sujet de chagrin pour son maître; et cela, moins
à cause d'une conduite révoltante à
son égard que par le scandale qu'il
donnait à ses frères. Ce disciple, qu'il
voyait engagé dans une mauvaise voie,
était Brice, qui fut depuis un saint et
son successeur immédiat sur le siége
de Tours. Alors ce disciple infidèle
prêtait intérieurement l'oreille aux
suggestions du démon, qui s'était emparé de son cœur. Martin, avec ce don
de pénétrer le fond des consciences
et de distinguer l'invisible action de

l'enfer, reconnut sous une forme sensible les excitations au mal que les
esprits de ténèbres adressaient à ce
pauvre égaré. Martin dit qu'il vit
les démons passer sur les rochers
qui dominent Marmoutier, et au milieu de leurs cris joyeux il entendit
ces paroles : « Allons, Brice, courage,
Brice. » Le saint avait fait la veille
des reproches à Brice, et celui-ci,
outré de cette réprimande trop mé-
ritée, venait décharger son ressenti-
ment, en vomissant contre son maître
les injures les plus violentes. Il alla
presque jusqu'à le menacer de le frapper. La colère avait troublé cet esprit
orgueilleux, et, les lèvres tremblantes,
le visage pâle et décomposé, il était
tout entier à la passion qui l'agitait et

à l'influence du démon qui la lui avait inspirée. Devant ce furieux, Martin ne montra que douceur et tranquillité, son visage ne laissa pas apercevoir la plus légère altération, et sa bouche ne proféra que des paroles de paix et de bonté, pour calmer cette irritation insensée plus digne à ses yeux de commisération que de sévérité. Après cette explosion de colère, Brice s'éloigna comme un homme satisfait de s'être vengé. Le saint pria pour lui, et le lendemain le coupable, délivré des sentiments odieux dont l'enfer avait rempli son âme, revint, le repentir dans le cœur, se jeter aux pieds de son évêque prompt à lui pardonner. C'est alors que Martin raconta en détail ce qu'il avait vu distinctement des obsessions diaboliques auxquelles il fallait imputer l'égarement de son disciple. Bien des fois encore celui-ci mit à l'épreuve la charité et la patience de notre saint. Souvent on lui avait dit de frapper d'une punition exemplaire cet homme indigne de sa vocation; mais Martin pardonna toujours, en donnant pour raison que, « si Jésus-Christ avait supporté Judas, il devait bien supporter Brice. » Peut-être les lumières surnaturelles du saint évêque lui avaient-elles montré, dans son disciple, le pécheur un jour converti par ses prières et devenu un vase d'élection, pour être le fidèle continuateur des œuvres de sa pénitence ainsi que des travaux de son apostolat.

Il reçoit
pice-Sévère

Mais voici un disciple d'un autre genre qui lui arrive. Malgré le soin avec lequel Martin cache ses mérites le plus qu'il lui est possible, sa réputation s'est répandue au loin, et une vénération universelle s'est attachée à son nom. On vient de toutes parts pour le voir et le consulter, non moins que pour obtenir des guérisons miraculeuses. C'est ainsi que Sulpice-Sévère, auteur de presque tous les récits qui sont reproduits ici, a eu la pensée d'entreprendre un long voyage pour lui faire une pieuse visite. C'est un homme encore jeune, qui appartient à une famille distinguée; c'est un lettré, son éducation et ses aptitudes littéraires lui avaient ouvert de bonne heure la carrière des honneurs;

mais, ayant perdu sa femme et dé-
trompé du monde, il a voulu se vouer
à la piété, il a en même temps formé
le projet d'écrire, pour l'édification
publique, la vie de Martin. Il est
venu plusieurs fois le voir, et il en a
été accueilli avec une grande bonté;
l'humilité du saint l'a frappé, et il a
été sensible à la satisfaction toute religieuse qui lui a été témoignée pour
avoir entrepris un pareil voyage. Ce
témoignage de joie et de satisfaction
n'était pas un vain compliment. Le
saint, naturellement doué d'une pénétration très-vive et d'un jugement
aussi prompt que sûr, était, de plus,
surnaturellement favorisé de la pré-
vision de l'avenir, et il vit, dans ce visiteur distingué, un disciple de grande

valeur qui serait un jour un saint.
Aussitôt, à celui qui s'était retiré de
la carrière du monde ouverte devant
lui avec toutes ses séductions, il ouvrit
avec bonheur la voie de la sainteté
dans le désintéressement des biens de
la terre et les austérités de la perfection chrétienne. C'est là sans doute
que, par un charme divin, il voulait
attirer ce jeune homme d'élite. De
quel soin religieux imité de la plus
haute antiquité, ou plutôt de l'É-
vangile, il entoure cet hôte nouveau
dont il reconnaît et veut fixer les résolutions! Comme si déjà il était de
sa famille, il lui accorde un honneur
souvent refusé aux grands de la terre
et l'admet à sa table; il lui présente
l'eau pour se laver les mains, et le

soir il lui lave lui-même les pieds, et
cela il le fait de telle manière, que
celui qui en est l'objet s'y prête avec
étonnement, et avec une sorte de sou-
mission silencieuse, en étant comme
subjugué par un ascendant irrésistible. Sévère avoue « qu'il n'eut pas
le courage de résister, et qu'il se
serait fait un crime de ne pas ac-
quiescer. » Martin parla ensuite de la
vie du monde, de ses plaisirs trom-
peurs, des peines qui en sont le partage et des difficultés qu'on y rencontre pour l'œuvre du salut. Il en
conclut qu'il fallait se dégager des
entraves du monde, afin d'être libre de
suivre Jésus-Christ en toutes choses.
Il cita alors l'exemple illustre de
Paulin (depuis saint Paulin, évêque de

Nole), lequel, pour se conformer aux conseils évangéliques et suivre Jésus-Christ, avait abandonné d'immenses richesses. « Voilà l'exemple qu'il faut « imiter, dit-il : heureux notre siècle « d'avoir reçu un si grand ensei-« gnement; et heureux Paulin d'avoir « montré possible, par son exemple, « ce que le monde croyait impos-« sible. » Ainsi étaient gagnés à Dieu et à la perfection ceux qui approchaient le saint évêque.

Sulpice-Sévère, qui nous donne ces détails sur la première entrevue avec Martin, continua à le fréquenter et le reconnut pour son maître. Il a écrit sa vie, et n'a cessé de professer pour lui et pour sa mémoire un dévouement égal à son admiration. Il

termine son livre par ces lignes :
« J'ose espérer que ce petit ouvrage
« plaira à tous les hommes religieux.
« Si quelqu'un ne veut pas ajouter
« foi à mes paroles, la faute en re-
« tombera sur lui. La certitude des
« faits que j'ai racontés, et l'amour
« de Jésus-Christ, m'ont seuls porté
« à écrire ce livre, j'en ai la con-
« science, car je n'ai avancé que des
« choses vraies et incontestables, et
« Dieu, je l'espère, prépare une ré-
« compense non pour celui qui lira,
« mais pour celui qui croira. »

Il serait trop long de faire l'histoire
des autres disciples de notre saint.
Plusieurs furent célèbres par leur
sainteté et furent placés à la tête de
diverses Églises, qui les comptent

parmi leurs plus illustres apôtres et leurs principaux protecteurs. On ne saurait tout dire : Sulpice-Sévère déclare qu'il remplirait d'immenses volumes s'il voulait raconter toutes les actions de saint Martin.

Sa sainteté conforme au caractère de sa mission.

Cet historien dont on loue la latinité, et qu'on a surnommé le Salluste chrétien, fut contemporain et souvent témoin des faits qu'il raconte. Il avoue la crainte de fatiguer le lecteur par le récit des miracles qui se multiplient par les prières de Martin. Cependant il sent la nécessité d'en faire connaître un certain nombre pour rendre gloire à Dieu, leur premier auteur, et pour donner une juste idée du caractère particulier d'une vie destinée à sortir des conditions or-

dinaires de la sainteté, en manifestant
en toute occasion les dons les plus
admirables de la puissance divine. On
ne saurait trop le dire, c'était la vie
incomparable d'un homme extraor-
dinairement suscité d'en haut pour
faire succéder sans cesse les prodiges
aux prodiges, et vérifier en sa personne la promesse du divin Sauveur,
annonçant à ses apôtres qu'après lui
*ils feraient des miracles plus nombreux
et plus grands même que les siens.*
La mission de Martin fut de renouveler les merveilles et les conquêtes
des temps apostoliques. Comme les
apôtres, il recevait des communications continuelles de l'Esprit-Saint,
et sans cesse on voyait éclater en lui
la vertu du Très-Haut. *Sa conversation*

était toute dans les cieux, et son existence, éminemment surnaturelle, lui
donnait un pouvoir supérieur à toutes
les lois de la nature. D'après ses historiens, l'eau, l'air, le feu, la terre,
les maladies, et la mort elle-même, lui
obéissaient. Sa prière, sa parole, son
regard, ses lettres, l'huile qu'il bénissait, les habits qu'il portait, les
morceaux qu'on en coupait, les fils
qu'on détachait de son cilice, ce qu'il
avait touché, ce qui lui avait ap-
partenu, tout, jusqu'à la paille de son
lit, avait le pouvoir d'opérer des prodiges : voilà l'évêque de Tours, voilà
le saint qu'il faut étudier dans ses
actes, dans ses discours et dans ses
disciples, pour le reconnaître ensuite
dans l'œuvre immense de son apo-

stolat, et au milieu de cette admiration pleine de confiance que les siècles lui ont vouée.

Cette admiration l'environnait avec de continuelles démonstrations de confiance de la part de ses contemporains même étrangers à sa charge pastorale, et de la part des peuples confiés à son zèle; elle avait de plus le caractère affectueux d'un attachement filial. Les habitants de la Touraine le regardaient comme un ange tutélaire qui les couvrait de sa protection. Il y avait déjà tant d'années qu'il attirait les bénédictions du Ciel sur son Église et sur son monastère par ses prières et par ses exemples comme par ses travaux apostoliques! Sa parole, confirmée par ses nombreux miracles, avait changé la face du pays, en extirpant l'idolâtrie et en propageant la foi prêchée par ses prédécesseurs. Sa vie épiscopale était un bienfait continuel; les populations étaient mille fois heureuses de le posséder.

es talents,
on savoir
ses vertus.

Cette parole de Martin, si efficace par la grâce divine qui l'accompagnait, par les miracles qui la confirmaient, et par l'autorité de ses hautes vertus, était loin d'être dépourvue d'éloquence. Bien que Martin, élevé dans les camps, ne fût pas versé dans les lettres humaines, ses historiens ont affirmé que ses discours étaient remarquables par la clarté et l'ordre autant que par la force et l'onction. A une irréprochable pureté de lan-gage il joignait un ton de gravité, de simplicité et d'humilité qui saisissait les auditeurs ; il exposait la vérité avec une grande netteté, et réfutait l'erreur avec non moins de solidité. Sa sagacité et sa présence d'esprit ne lui faisaient jamais défaut pour la solution des questions les plus difficiles. Il expliquait avec une admirable facilité les passages les plus obscurs des saintes Écritures. La sagesse de ses conseils et ses lumières particulières sur les voies spirituelles frappaient tout le monde, et donnaient à tous la conviction qu'il y avait en lui, avec un grand fonds de bon sens, des connaissances acquises. Il y avait dans sa conversation on ne sait quel charme qui, en faisant aimer la vertu, gagnait tous

les cœurs à la vérité. Rien n'était
plus persuasif que cette conversation
de l'homme de Dieu. On ne pouvait
l'approcher sans ressentir sa puissante
influence. « Quelle gravité et quelle
« dignité, dit Sulpice-Sévère, dans
« ses paroles et dans ses conversa-
« tions! Quelle pénétration d'esprit!
« Comme ses discours étaient per-
« suasifs!.... Je sais bien que des
« personnes se sont refusées à croire
« sur ma parole ce dernier détail;
« mais j'en prends à témoin Jésus-
« Christ et le ciel, notre commune
« espérance, que je n'ai jamais vu
« tant de science et tant d'intel-
« ligence, un langage plus éloquent
« et plus pur. Quoique pour un
« saint comme Martin de pareils

« éloges aient bien peu de valeur,
« n'est-il pas étonnant qu'un homme
« sans lettres ait possédé ces qua-
« lités? »

On ne le vit jamais agité par une
passion quelconque; ni la colère, ni
seulement l'impatience ne venaient
jamais troubler sa parfaite égalité
d'humeur et altérer la sérénité de son
âme qui se reflétait sur sa figure, toujours animée d'une joie céleste, à
moins qu'il ne pleurât sur les péchés
des hommes et sur l'endurcissement
de ceux qu'il ne pouvait ramener au
devoir. Sa patience et sa douceur
étaient telles, qu'on l'aurait dit au-
dessus de toutes les atteintes des
choses terrestres. Il n'avait que des
bénédictions pour ceux qui le char-

geaient d'injures et de malédictions. Il
pardonnait d'avance à ceux qui voulaient lui nuire, car il s'en est rencontré qui, au dire de son historien, *détes-*
taient en lui ce qu'ils ne trouvaient point
en eux-mêmes, et qu'ils n'avaient pas
le courage d'imiter. Le nom de Jésus-
Christ était sans cesse dans sa bouche
comme son amour dans son cœur; la
vérité sur ses lèvres était toujours sans
mélange, même de paroles inutiles.

Il était attentif à ne perdre aucun
instant de ses journées. Souvent même
ses nuits étaient remplies tout entières
par la prière et le travail. Le repos
qu'il était obligé d'accorder à son
corps, il le prenait dans la mesure
de la plus stricte nécessité, et il cou-
chait sur un cilice étendu par terre.

Loin de se laisser jamais entraîner à la dissipation, son esprit et son cœur s'élevaient sans cesse vers Dieu, dont il ne perdait jamais la présence. Tout lui était occasion de saintes pensées pour lui-même et d'édification pour le prochain. Voyant un jour une brebis tondue : « Elle a, dit-il, rempli le précepte de l'Évangile : elle avait deux habits, elle en a donné un à celui qui n'en avait point; faisons de même. » Il rencontre un gardien de pourceaux à peine couvert de quelques lambeaux de peaux de bêtes : « Voilà Adam, dit-il, chassé du paradis, qui fait paître ses pourceaux sous un vêtement de peaux; dépouillons notre vieux vêtement, et revêtons-nous du nouvel Adam. »

En passant auprès d'une prairie, il en vit une partie dont l'herbe avait été mangée par des bœufs, et une autre que des porcs avaient fouillée, tandis que le reste, encore intact, offrait un magnifique tapis de verdure émaillé de fleurs : « Voilà, dit-il en « montrant la partie où l'on avait « parqué les bœufs, voilà l'image « de l'état de mariage ; il y a encore « de la verdure, mais les fleurs n'or- « nent plus ce tapis verdoyant. Celle- « ci, que des porcs immondes ont « ravagée jusqu'aux racines des « herbes, représente la débauche qui « souille et dégrade si profondément « la créature humaine. Et cette autre « qui est restée exempte de toute « atteinte est la figure de la virgi-

« nité. Ici la nature est parée d'un
« vêtement de gloire; voyez comme
« la verdure y est riche, de quelles
« fleurs brillantes elle est parsemée!
« ce sont comme des pierres pré-
« cieuses qui reflètent dans toute sa
« pureté la lumière du ciel, et ren-
« voient au loin l'éclat varié de leurs
« mille couleurs : telle est la beauté
« céleste de la virginité embellie
« encore par tant de vertus di-
« verses. » Et là-dessus, il se mit à
faire l'éloge de la virginité en relevant
sa grande supériorité sur l'état de
mariage. Il descendait en bateau la
Loire, quand il remarqua que des
plongeons rasaient la surface de l'eau
pour prendre des poissons, sorte de
proie dont ils sont insatiables :

« Voilà l'image, dit-il, des démons qui dressent des embûches aux imprudents, les surprennent et les dévorent, sans jamais se rassasier. »

Il s'efforçait de pénétrer ses disciples des sentiments dont il était lui-même animé. Il voulait qu'ils méritassent, par d'incessants désirs, d'attirer Jésus-Christ dans leurs âmes toujours mieux préparées, pour être dignes qu'il y fît sa demeure. Les vertus et surtout l'admirable pureté de cœur de Martin avaient tellement disposé et animé en lui toutes choses, que c'était là le principe de cette science des saints, de cette éloquence céleste et de cette puissance incomparable qui lui donnaient une si grande supériorité sur l'esprit des hommes et contre la malice de l'enfer.

Quand il descendait la Loire en
bateau, et qu'à l'aspect des oiseaux
voraces qui cherchent à prendre des
poissons il signala l'image du démon
qui cherche à saisir nos âmes pour
en faire sa proie, il allait à Candes.
C'était pour régler un différend qui
s'était élevé parmi les clercs atta-
chés à l'église de cette ville. Déjà
il avait annoncé à ses disciples que
le moment de la dissolution de son
corps approchait. Cette proximité de
la mort ne l'avait pas empêché de se
mettre en route pour aller rendre la
paix à ceux qui l'avaient perdue. Un
nombreux cortége des siens l'accompagnait. Son séjour à Candes se
prolongea. La paix avait été rétablie,

et il allait retourner à sa chère solitude de Marmoutier; mais il sentit que ses forces l'abandonnaient. Cette défaillance du corps n'influait en rien sur l'état de son âme, toujours forte, toujours digne d'elle. Il réunit autour de lui ses disciples, et leur annonça que l'heure de la séparation allait sonner. Il était près d'un moment suprême. Une profonde douleur s'empara aussitôt de tous les siens. Ils ne pouvaient se résigner à la perte de ce père si tendrement chéri de ses enfants spirituels; tous faisaient entendre des gémissements, et, le cœur déchiré, ils lui dirent : « O tendre père, pourquoi « nous quitter, et nous laisser dans « la désolation? Les loups ravisseurs « se jetteront sur votre troupeau, et

« qui viendra le défendre si le pas-
« teur est frappé? Ah! nous savons
« bien que vous désirez ardemment
« de posséder Jésus - Christ ; mais
« votre récompense est assurée, et
« pour être retardée elle n'en sera pas
« moins grande : ayez donc pitié de
« nous, que vous allez laisser seuls. »
Martin fut ému par ce langage d'une
douleur et d'une crainte également
senties; les larmes qu'il voyait couler
l'attendrissaient, et la charité affectueuse qu'il puisait dans les entrailles
de Jésus-Christ excitait encore sa sen-
sibilité paternelle; il se mit à pleurer
lui-même. Il se passa en lui quelque
chose d'inénarrable; un grand sacrifice lui était demandé, c'était de
ne pas mourir. Toute sa vie, ses

aspirations avaient été pour le ciel;
c'est pour le ciel qu'il avait travaillé,
qu'il avait combattu, et qu'il avait
souffert. Il touchait déjà au ciel, et
il resterait encore sur la terre, dans le
labeur et dans la souffrance! Il y consentit, parce qu'il ressentait une tendre
compassion pour ses enfants, il eût
voulu les consoler et les défendre
contre l'ennemi; son zèle ne dé-
faillait point, il consentait à travailler
encore pour eux s'ils en avaient
besoin et si Dieu le voulait. Alors de
sa grande âme s'échappa cette prière :
« Seigneur, s'écriait-il, si je suis en-
« core nécessaire à votre peuple, je
« ne refuse point le travail; que votre
« volonté soit faite! » Ainsi il leva
l'obstacle en ce qui dépendait de lui,

il ne s'opposa point dans son cœur au vœu de ses bien-aimés disciples, et il fit dans sa prière acte d'abnégation de lui-même, de dévouement pour son peuple, et d'entier abandon à la volonté de Dieu. Sacrifice sublime dans ce vieillard consumé de veilles et de travaux, et dont l'âme soupirait avec tant d'ardeur après son éternelle union avec Jésus-Christ. Le repos avait été bien mérité, sa vieillesse le réclamait; mais il n'osait le demander, le désirer même; il était prêt à tout, il voulait ce que Dieu voudrait pour le bien de son peuple.

Ainsi indifférent entre la vie et la mort, il faisait la volonté de Dieu, et continuait, sur sa couche de douleur, l'œuvre de toute sa carrière. Là en-

core, il domptait son corps épuisé par
l'âge et la maladie. Malgré la fièvre
qui le consumait, il était étendu sur
la cendre et le cilice, et il priait sans
interruption la nuit et le jour. Ses
disciples lui demandèrent de per-
mettre qu'on plaçât sous lui un peu
de paille. « Non, mes enfants, répondit-il, il ne convient pas qu'un
chrétien meure autrement que sur la
cendre et le cilice. Je serais coupable,
si je vous laissais un autre exemple. »
Ses yeux et ses mains étaient continuellement levés vers le ciel, et sa
prière s'animait sans cesse d'une nouvelle ferveur. Pour lui procurer quelque soulagement, ses prêtres le priè-
rent de consentir à être changé de
position. « Laissez-moi, mes frères,

répondit-il, laissez-moi regarder le
ciel plutôt que la terre, afin que mon
âme prenne plus facilement son essor
vers Dieu. » Cette position qu'il pré-
férait était conforme à la direction de
ses pensées, et donnait l'idée d'une
première contemplatiou des choses
du ciel, en attendant qu'il en eût
la claire et complète vision. Ce moment ne tarda pas; à peine se fut-il
réfusé à détourner ses regards de ce
ciel vers lequel il tendait les bras
et aspirait de tous ses désirs, qu'on
l'entendit prononcer ces paroles :
« Que fais-tu ici, bête cruelle? tu ne
trouveras rien en moi qui t'appar-
tienne : je serai reçu dans le sein
d'Abraham. » Il venait de dire ces
derniers mots, quand il expira.

Cet ennemi qui l'avait menacé de le poursuivre jusqu'à la fin de sa vie était donc encore là en ce moment; mais c'était pour subir une défaite définitive et un éternel déplaisir, pour voir qu'il n'y avait rien qui lui appartînt dans ce sublime mourant, et pour s'entendre dire de la bouche de Martin, partant de ce monde : « Je serai reçu dans le sein d'Abraham. »

Martin mourut vers minuit, à l'heure où les prières nocturnes s'achèvent dans les églises : c'était un dimanche de novembre de l'année 397. Il était âgé de quatre-vingt-un ans.

Aussitôt après sa mort, son visage parut resplendissant comme celui d'un ange du ciel, et la chair de ses

membres fut blanche comme la neige.
Est-ce là, disait-on, ce corps vêtu d'un
cilice et couvert de cendre? on aurait dit alors un corps transfiguré et
déjà glorieux comme après la résurrection.

Au moment même de cette bienheureuse mort, saint Séverin, évêque
de Cologne, entendit dans son église
des voix qui chantaient dans les airs.
Après qu'il eut fait mettre en prière
son archidiacre, il fut permis à celui-
ci d'entendre les mêmes chants qui
lui furent expliqués par son évêque
comme étant les chants des anges qui
accompagnaient l'âme de Martin dans
le ciel. Les nouvelles venues de Tours
certifièrent bientôt la concordance
de l'heure et du jour entre la révéla-

*Sa mort
surnaturelle-
ment annoncée*

tion faite à Cologne et la mort arrivée à Candes (1).

Saint Ambroise célébrait l'office, un jour de dimanche, dans sa cathédrale de Milan. Au moment de lire l'épître de saint Paul, le lecteur se présente selon l'usage devant l'autel pour attendre que le prélat donne le signal de la lecture. Mais on voit qu'Ambroise, les coudes appuyés sur l'autel, et la tête soutenue par ses mains, s'est endormi. On n'ose l'éveiller et on attend; un temps con-

(1) Est-ce en mémoire de cette révélation que dans l'église Sainte-Marie du Capitole à Cologne il y a un certain nombre de tableaux représentant divers faits de la vie de saint Martin, devant lesquels on fait des prières, en observant autant de stations qu'il y a de tableaux, et en gagnant des indulgences de la même manière qu'en faisant les stations de la *Via Crucis?* Un distique latin rappelant le fait représenté est au bas de chacun de ces tableaux.

sidérable s'écoule. Enfin quelques anciens vont respectueusement éveiller l'évêque, qui, instruit de la longue interruption de l'office divin, dit qu'il est avantageux qu'il se soit endormi. Il annonce que son frère Martin est sorti de son corps, et que lui Ambroise a prêté son ministère à ses funérailles. Il est constaté plus tard par l'événement que la vision d'Ambroise était exacte (1). On est autorisé à croire que, depuis leur rencontre à Trèves, Ambroise et Martin étaient liés par une fraternelle communauté

(1) Le bréviaire de Milan contient le récit de la vision rapportée ci-dessus. Une vie manuscrite de saint Ambroise conservée dans la bibliothèque Ambroisienne relate aussi cette vision, et elle est représentée sur un tableau qu'au XVIIe siècle on voyait encore dans la basilique Ambroisienne, et auquel on donnait plus de mille ans d'antiquité.

de sentiments. On sait du moins que
de pieuses relations ont existé entre
eux (1). Aussi les églises de Milan et
de Tours, si saintement illustrées par
ces deux grands évêques, se sont re-
gardées comme deux sœurs, ainsi que
cela est exprimé par deux tableaux
très-anciens de la basilique Ambroisienne, lesquels représentent, l'un la
ville de Milan, l'autre la ville de Tours.

Enfin voici textuellement la rela-
tion de Sulpice-Sévère, en ce qui le
concerne : « Je dormais de ce demi-
« sommeil du matin, si inquiet et
« si léger qu'on veille presque en
« se sentant dormir, ce qu'on n'é-

(1) Saint Ambroise envoya à saint Martin des reliques
de saints Gervais et Protais après la découverte des
corps de ces saints martyrs.

« prouve pas dans le sommeil ordi-
« naire, lorsque tout à coup il me
« sembla voir le saint évêque Martin,
« revêtu d'une robe blanche, le visage
« éclatant, les yeux et les cheveux
« rayonnants de lumière. Il me sem-
« blait retrouver en lui les mêmes
« formes, les mêmes traits qu'il avait
« autrefois, et, chose inexplicable! je
« ne pouvais fixer les yeux sur lui, et
« cependant je le reconnaissais. Il me
« regardait en souriant, et tenait à la
« main le livre que j'ai écrit sur sa vie.
« Quant à moi, j'embrassais ses ge-
« noux sacrés, et, selon ma coutume,
« je lui demandais sa bénédiction.
« Je sentais sur ma tête le doux
« contact de sa main, tandis que,
« dans la formule ordinaire de la

« bénédiction, il répétait souvent le
« nom de la croix qui lui était si
« familier. Bientôt, comme je le con-
« sidérais attentivement sans pou-
« voir me rassasier de sa vue, il
« s'éleva subitement, et je le suivis
« des yeux traversant sur une nuée
« l'immensité des airs, jusqu'à ce qu'il
« disparût dans le ciel entr'ouvert.
« Peu de temps après je vis le saint
« prêtre Clair, son disciple, mort peu
« auparavant, suivre le même che-
« min que son maître. Dans ma té-
« méraire audace je voulus les suivre;
« mais les efforts que je fis pour
« m'élever en l'air me réveillèrent.
« Je me réjouissais de cette vision,
« lorsqu'un de mes plus intimes ser-
« viteurs entra avec un visage plus

« triste qu'à l'ordinaire, et qui me
« laissait voir toute la douleur qui l'ac-
« cablait. Qu'as-tu? lui dis-je; d'où
« vient cette tristesse? — Deux moines
« arrivent de Tours, dit-il, ils an-
« noncent la mort du seigneur Martin.
« Je l'avoue, cette nouvelle me con-
« sterna, un torrent de larmes s'é-
« chappa de mes yeux; elles coulent
« encore, cher frère, au moment où je
« vous écris ces lignes; rien ne peut
« consoler mon amère douleur.
« Quand cette nouvelle m'a été
« annoncée, j'ai voulu vous faire
« partager mon affliction, vous qui
« partagiez aussi mon amour pour
« Martin. Venez donc sur-le-champ
« me trouver, et pleurons ensemble
« celui qu'ensemble nous aimons.

« Ce grand homme, je le sais, n'a
« pas besoin d'être pleuré ; car,
« triomphant du siècle qu'il a vaincu,
« il reçoit maintenant enfin la cou-
« ronne de justice ; mais je ne puis
« assez me commander à moi-même
« pour être sans chagrin. J'ai en
« sa personne envoyé devant moi
« un protecteur ; mais j'ai perdu
« la consolation de ma vie en ce
« monde (1). »

unérailles. L'auteur de cette belle lettre dit
aussi qu'il faut se réjouir du triomphe
de Martin dans les cieux. On put ne
pas moins s'édifier du triomphe de
son corps, entrant dans la ville de
Tours. Les habitants de Poitiers,

(1) Lettre à Aurelius.

réunis en foule autour de sa demeure,
voulaient s'emparer de ce saint corps
pour le porter au monastère de Ligugé, le premier, disaient-ils, que
Martin eût fondé; mais ceux de Tours
l'emportèrent. Ils firent, avec leur
précieux dépôt, le voyage sur un
bateau. D'après la tradition, ce bateau remontait la Loire sans voiles
ni rames. Au moment où il passait,
les arbres sur le bord du fleuve, se
couvraient de fleurs, et les malades
étaient rendus à la santé, tandis qu'on
entendait dans les airs une musique
céleste. On déposa les restes précieux
du saint évêque de Tours en un lieu
appelé depuis le petit Saint-Martin, où
ils furent gardés par le clergé et par le
peuple, et de là on les porta solen-

nellement quelques jours après au
cimetière. Cette dernière cérémonie fut
incomparable. Une multitude innom-
brable de chrétiens de tout âge et
de tout rang, un grand nombre de
vierges, et environ deux mille moines
venus de tous côtés, et qui recon-
naissaient Martin pour leur modèle et
leur père, assistaient à ses funérailles.
La douleur de l'avoir perdu, et la joie
de penser qu'il était dans la gloire, se
peignaient successivement sur toutes
les physionomies. On marchait en
chantant des psaumes. Tous les honneurs possibles étaient rendus à la
dépouille mortelle du saint évêque,
et déjà on pouvait pressentir qu'elle
serait magnifiquement glorifiée par
la foi et la piété des générations,

comme par le culte dont l'Église en-
vironnerait son tombeau.

Presque aussitôt après sa mort, Il reçc
un cu
aussitôt a
sa mo
Martin fut honoré d'un culte public
dans un grand nombre d'églises. Les
habitants de la Gaule, et presque en
même temps ceux des autres pays, lui
vouèrent une grande dévotion. On
venait à son tombeau de toutes parts;
l'huile des lampes qui y étaient
allumées, la cire des cierges qu'on y
brûlait, étaient surtout les objets
qu'on en rapportait comme des gages
sacrés de la protection du saint. Des
miracles nombreux justifiaient cette
pieuse pratique, partout où l'on portait cette huile ou cette cire. Cet
usage s'est conservé pendant des
siècles. D'autres miracles s'opéraient

auprès du saint tombeau. On vit bientôt s'y continuer auprès de Martin mort ce qui avait excité à un si haut degré l'étonnement et la vénération des contemporains, par les prières de Martin vivant.

Saint Brice, qui fut le premier successeur de Martin, avait fait bâtir une chapelle sur le tombeau de son saint prédécesseur. Cette chapelle fut bientôt insuffisante, et au ve siècle, environ soixante-seize ans après la mort de notre saint, saint Perpetuus, vulgairement saint Perpet, évêque de Tours, fit élever une basilique spacieuse, et déposer le corps de saint Martin dans un nouveau tombeau, situé au fond de l'abside, à l'axe de la principale nef. A la demande de

Perpetuus, Paulin de Périgueux fit
des vers que l'on plaça au-dessus de
la porte, et Sidoine Apollinaire, de
Clermont, en fit d'autres, qui furent
gravés dans l'abside.

Les grands et le peuple se pressaient
dans cette basilique autour du saint
tombeau; tous venaient de près et de
loin chercher souvent la vie du corps,
toujours la vie de l'âme auprès de ce
monument de la mort. Mais ce monument était celui de la mort précieuse d'un saint éternellement vivant
dans la gloire. Cette gloire du ciel se
manifestait avec toujours plus d'éclat
sur la terre, par la vertu secrète des
reliques de Martin. Les miracles se
multipliaient tous les jours d'une
manière extraordinaire, on en parlait

Il est l'objet
de la dévotio[n]
universelle
pendant
quatorze
siècles.

dans le monde entier. Aussi quelle
vénération et quelle dévotion partout
pour saint Martin de Tours, pour la
ville de Tours elle-même, consacrée
par le tombeau du saint thaumaturge! Tours et ses environs étaient
devenus une terre sacrée qu'il ne fallait fouler qu'avec respect; ce fut une
terre inviolable. Voyez Clovis; il arrive
avec ses Francs, il défend de commettre la moindre déprédation sur ce
territoire, et il revient ensuite auprès
du tombeau de saint Martin rendre
grâces de la victoire remportée sur
Alaric. La reine Clotilde consacre son
veuvage au service de la basilique.
Childéric suit l'exemple de Clovis, en
couvrant de sa protection tout ce qui
tient au sanctuaire vénéré. Le roi

Clotaire et la reine sainte Radégonde
y viennent faire des actes de dévotion
et de munificence. Un incendie en-
dommage considérablement la basi-
lique, Clotaire Ier la rétablit dans sa
première splendeur. Les princes viennent au tombeau de saint Martin,
les grands de leur cour les imitent à
l'envi. Ils sont quelquefois envoyés
par leurs maîtres pour offrir des présents et implorer des grâces. Il arrive
que ces grâces sont ensuite obtenues
par la vertu des objets déposés sur le
saint tombeau, et rapportés, après
cette sorte de consécration, à ceux
pour qui le saint est invoqué. Ces
envoyés, de retour dans leur pays,
racontent les miracles dont ils ont été
les témoins, et c'est entre autres ré-

sultats, par suite de leurs récits et des effets miraculeux produits par les objets apportés du saint tombeau que les princes ariens de la Galice et tous leurs peuples se convertissent à la vraie foi. Les guérisons miraculeuses apprennent à l'Italie la puissance du nom de Martin, et l'Italie rivalise de zèle avec les Gaules pour la gloire du lieu saint qui est à Tours. Il faut un historien à tant de faits prodigieux, et, saint Grégoire étant monté sur le siége épiscopal de Tours, ces faits sont fidèlement racontés par la plume qui retrace pour la postérité les grands événements de notre pays. Dieu veut que rien ne manque à l'édification des peuples relativement à l'intercession de saint Martin. Cet âge est tellement

impressionné à ce sujet, qu'il voit
éclore un nouveau poëme, dans lequel
saint Fortunat de Poitiers, après Paulin de Périgueux, fait encore chanter
à la poésie ce que l'histoire a raconté
de Martin. Les pierres proclament à
leur tour combien est répandue et
combien est grande la dévotion au
glorieux thaumaturge : des basiliques
en son honneur s'élèvent dans une
multitude d'endroits, et notamment
à Auch, à Bordeaux, à Saintes, à
Poitiers et à Chartres. Bientôt toutes
les Gaules en sont couvertes. Là où
il n'y a pas de basiliques sont des
oratoires. Partout où a eu lieu un
fait de la vie de Martin, un monument religieux le rappelle. A Candes,
où il est mort, l'église n'a pas cessé

d'être visitée par de pieux pèlerins.
Ony voit encore aujourd'hui, en l'honneur de saint Martin, une basilique
également grande et magnifique. Cette
tout petite ville a acquis, par le seul
fait de la mort de notre saint, une
célébrité qui efface celle de bien des
cités plus illustres. Dagobert Ier revêt
le saint tombeau d'une châsse magnifiquement ornée d'or et de pierreries,
qui fut confectionnée par saint Éloi,
avec les soins les plus pieux de
son art. Enfin, à mesure que les
années et les siècles se succèdent, on
vient toujours en plus grand nombre
au tombeau de saint Martin; on y
voit, on y obtient des guérisons continuelles. On y recueille une poussière
vénérée : on y reçoit des objets consa-

crés par l'attouchement du tombeau ou
des reliques du saint, et ce sont comme
autant de nouvelles reliques que l'on
porte en procession, dans des contrées
éloignées, en traversant les villes et les
campagnes au chant des psaumes, en
présence des populations pieusement
rassemblées. Ces objets sont ordinairement des voiles de soie qui ont été
laissés quelque temps sur le tombeau,
sur lesquels on a peint l'image du
saint, et qui, ayant été bénits, sont
portés jusque dans les batailles comme
un signal de protection, sous le nom
de chape de saint Martin. Cette pratique se continue pendant tout le
moyen âge. Au lieu de s'affaiblir, la
dévotion croît toujours, et une vertu
de sanctification s'étend de plus en

plus sur toutes les Gaules. Le culte
de saint Martin a pris une telle exten-
sion, le concours des pèlerins est si
grand à son tombeau, qu'à son entour
une ville nouvelle, appelée Martinopole,
s'est élevée, et qu'on y compte jusqu'à
vingt-deux édifices religieux. Déjà un
concile d'Orléans, tenu en 511, disait :
« Le pèlerinage de la Gaule, c'est-à-dire
le pèlerinage de saint Martin, ne le
cède ni à celui de Rome, ni à celui de
Jérusalem. » Pépin le Bref tombe malade à Saintes ; il se fait porter à Tours
pour prier devant le saint tombeau.
Charlemagne nomme saint Martin son
patron ; il vient, lui aussi, prier à son
tombeau. Il y fait porter Luitgarde,
sa femme, malade, et après sa mort
il la fait ensevelir dans la basilique.

La tour qui porte le nom de ce prince rappelle sa dévotion pour cette église, à laquelle il laisse sa coupe d'or. Le bienheureux Alcuin, son maître, veut être affilié aux moines de saint Martin. Il fonde parmi eux une école florissante, d'où sont sorties, comme de leur berceau, toutes les universités de France. Les successeurs de Charlemagne imitent sa dévotion en venant également faire des pèlerinages, et en donnant des témoignages de leur royale munificence.

Sous Charles le Chauve, les Normands mettent le siége devant Tours ; ils sont repoussés, tandis que les assiégés portent dans les combats la châsse de leur saint protecteur. La fête de *la Subvention de saint Martin* a été établie en mémoire de cette délivrance.

Cependant les barbares reviennent,
ils brûlent la basilique de Saint-Martin, mais les reliques sont absentes;
elles sont à Auxerre. On les y a
portées à l'approche des Normands,
et elles y ont été reçues avec honneur
dans la basilique de Saint-Germain.
Les foules accourent à Auxerre, les
guérisons continuent; ce n'est plus
saint Germain, c'est saint Martin qui y
fait des miracles. Enfin les désastres
faits par les Normands sont réparés, et
après trente-un ans d'absence le corps
de saint Martin, enlevé par la force
aux Bourguignons qui voulaient le retenir, est rapporté triomphalement à
Tours. Les grands seigneurs portent
la châsse, les peuples se rassemblent
sur son passage, les miracles s'y mul-

tiplient. Cependant deux mendiants
qui exploitent leurs infirmités fuient,
de peur d'être guéris et obligés de
travailler : n'importe, ces mendiants
sont atteints dans leur fuite par la
vertu qui guérit, et ils sont guéris. La
fête de *la Réversion* est établie en com-
mémoration du retour des reliques.

Le même concours, la même dévotion, les mêmes miracles qu'autrefois, se renouvellent à Tours, auprès
du tombeau de saint Martin. La basilique, de nouveau brûlée, est recon-
struite, dans de plus grandes proportions, par les soins d'Hervé, son
trésorier ; les rois de la troisième race
n'ont pas moins de dévotion que
leurs prédécesseurs pour saint Martin ;
Hugues Capet, Louis VI, Louis VII,

Philippe-Auguste et saint Louis se signalent par leur zèle et leur munificence. Les papes Urbain II, Alexandre III, Pascal II et Calixte II visitent le sanctuaire de notre saint. Innocent III y envoie ses délégués. Urbain II fait la dédicace de l'église de Marmoutier. Martin IV, ancien chanoine de la basilique, accorde, après avoir été élu pape, des priviléges aux chanoines qui ont remplacé les moines. Charles le Bel veut faire présent d'un reliquaire d'or pour le chef du saint, une bulle du pape Jean XXII autorise cette translation. Le roi y vient assister en personne avec les princes et toute sa cour. Charles VII y vient faire ses dévotions. Louis XI y paraît fréquemment; il fait présent d'un treillis d'argent pour remplacer une grille en fer qui entourait le tombeau et la châsse contenant les reliques. François Ier, pressé par les besoins de l'État, enlève ce treillis pour en convertir la matière en monnaie. La perte de la bataille de Pavie et la captivité du roi sont attribuées à cette spoliation. Après sa délivrance, François Ier vint faire amende honorable. La reine, Éléonore d'Autriche, et la reine mère, Louise de Savoie, l'avaient précédé dans la même pensée.

Les guerres de religion désolent la France ; les protestants pillent la basilique de Saint-Martin, et brûlent une partie de ses reliques. Cette impiété excite l'indignation des catholiques, qui combattent leurs ennemis et les

chassent de Tours. On avait sauvé
une portion du chef et une portion
d'un bras de saint Martin; on répare
les ravages faits par les hérétiques à
la basilique. Enfin Louis XIV se fait
recevoir et est installé en personne
chanoine de Saint-Martin, il prête
serment en cette qualité. Les rois de
France, depuis Hugues Capet, sont
abbés séculiers, chanoines et protecteurs de la basilique de saint Martin,
considéré lui-même comme le patron
de la France. Des cardinaux et bien
des évêques ont aspiré au titre de
chanoine d'honneur de la même église
et se sont glorifiés de le porter.

La Hongrie tient en grande estime
le culte de saint Martin, qu'elle est
fière de compter parmi ses enfants.

C'est dans la cathédrale de Saint-Martin que les rois de Hongrie se faisaient sacrer. La Pologne ne le cède point à la Hongrie dans sa dévotion au même saint. C'est au nom de saint Martin et le jour de sa fête que, le 11 novembre 1673, Jean Sobieski exhortait ses soldats et leur promettait la victoire; c'est à la protection de ce grand saint qu'est attribuée cette mémorable victoire remportée sur les Turcs, laquelle porta le général chrétien sur le trône de Pologne, et sauva la chrétienté d'une nouvelle invasion des infidèles.

Mais voici d'autres infidèles. Ceux-ci sortent, hélas! du sein de la nation très-chrétienne. A la fin du XVIIIᵉ siècle, le culte catholique est proscrit

La basilique de Tours démolie.

en France. La basilique de Saint-
Martin est entièrement dépouillée,
puis fermée et profanée. En 1798,
elle est entièrement démolie. Elle
tombe, ensevelissant sous ses ruines
le malheureux qui avait prêté son
nom pour être l'adjudicataire légal
de cette démolition. Aussi, lorsqu'en
1802 toutes les églises furent de nouveau ouvertes en France, il n'y eut plus
à Tours d'église pour le grand évêque
de Tours et le patron de la France.

Cette grande ruine commencée
quand toutes les ruines semblaient
consommées, serait inexplicable, si
l'on ne savait que l'invisible ennemi
qui, selon sa menace, avait poursuivi
saint Martin pendant toute sa vie,
n'a pas cessé après sa mort de com-

battre son culte. Le démon a toujours mis en cela un acharnement proportionné à la grandeur de la mission de notre saint. Entre tous les prédicateurs de l'Évangile, Martin avait le plus contribué à rendre la France chrétienne; il avait pendant quatorze siècles entretenu sur cette même terre de France la foi et la piété, par le souvenir de sa vie si sainte, par la puissance de son intercession et par la perpétuité de ses miracles. Jamais, depuis les apôtres, action sur les peuples ne fut plus grande que la sienne. Son action fut telle, que dans le plus beau monument historique que le génie humain ait élevé, elle est écrite à sa place parmi les grands événements qui font époque dans

l'histoire du monde. Tous ces événements sont là indiqués en traits im-
périssables, et on y lit ce qui déjà a
été rappelé ci-dessus : *Martin est fait
évêque de Tours; il remplit l'univers du
bruit de sa sainteté et de ses miracles,
pendant sa vie et après sa mort.* Ces
mots de Bossuet dans son *Discours
sur l'histoire universelle*, ce simple
trait dans ce magnifique tableau de
tout ce qui s'est passé de plus mémorable depuis le commencement des
choses humaines, c'est là quelque
chose qui en dit plus que tous les
discours sur saint Martin et sur les
suites de son culte. Et c'est parce qu'il
n'y a rien là que de vrai, que le démon, auteur du vertige qui en ces
jours néfastes que nous rappelons

s'était emparé d'un si grand nombre
d'esprits, a cherché à enlever à
son saint adversaire son temple et
jusqu'à son tombeau ; mais l'enfer
n'a pu réussir en tout. La ven-
geance de l'enfer, si souvent humilié par saint Martin, a échoué devant ces petits murs que des mains
pieuses avaient construits, il y a
bien des siècles, pour renfermer les
restes précieux du saint thaumaturge.
Les constructions vulgaires sous lesquelles on les avait cachés, à la suite
de la démolition sacrilége de la basilique, les ont protégés contre une destruction totale. Dieu a voulu les tenir
ainsi en réserve et sous sa sauve-
garde, pour le jour où il restituerait
à son serviteur son héritage de tant

de siècles de gloire parmi les hommes. Pour les croyants, *le doigt de Dieu est là* d'une manière visible, et il y a aussi une manifestation de la puissance dont ce doigt divin avait investi Martin ; ce doigt semble aussi montrer l'avenir.

Si maintenant on en venait un jour à entendre dans certains bas-fonds obscurs de l'impiété les sourds murmures ou les indignes railleries de l'enfer contre le rétablissement d'un culte cher à la piété et contre la construction de la future basilique, on ne devrait point s'en étonner. Il faudrait même, en tant que ces insultes viendraient de l'enfer, s'en réjouir comme d'un motif d'espérance, si, chose impossible ! elles

étaient de nature à créer des obstacles. Ces obstacles d'un moment
seraient un signe infaillible de l'importance religieuse de l'œuvre et du
bien qui en doit résulter; l'enfer n'a
jamais fait autrement, quand il a été
à la veille d'un grand échec. Sa rage
et sa perfidie n'ont jamais été égales
à celles qu'il a manifestées dans les
trois premiers siècles de l'Église,
alors qu'il succombait devant la religion de Jésus-Christ. En vain il inspirait aux bourreaux contre les martyrs
le fanatisme d'une cruauté vraiment
surhumaine; en vain il déployait tous
les prestiges du sophisme pour tromper les peuples, et semait tous les
mensonges de la calomnie pour faire
naître des préventions; la croix finit

par se montrer glorieuse au sommet du Capitole, aux applaudissements de Rome devenue le centre du monde chrétien. Ainsi, comme autrefois, le tombeau du saint thaumaturge sera encore le centre religieux auquel aboutiront, de toute la France, des multitudes dirigées, par l'esprit chrétien, vers ce point lumineux d'où rayonnera la grâce.

Si l'enfer n'avait rien à craindre, il resterait indifférent; mais il voit avec frémissement comment les enfants de l'Église remontent la pente par où nos pères étaient descendus. Le protestantisme avait attaqué le culte de la sainte Vierge et des saints, l'incrédulité s'était promis d'écraser la religion en lui donnant une qualification

qui ne pouvait trouver de l'écho qu'au
fond de l'abîme ; mais voilà qu'au milieu même du bruit que produisent
encore autour de nous les blasphèmes
de l'impie, Jésus-Christ voit de tous
côtés se prosterner devant lui un
nombre toujours croissant d'adora-
teurs *en esprit et en vérité.* Le culte
de la sainte Vierge reçoit une éclatante réparation par la définition du
dogme de l'Immaculée Conception ;
sur tous les points, des sanctuaires
splendides s'élèvent en l'honneur de
la Mère de Dieu, et les fidèles, en tous
lieux, ne cessent de l'invoquer avec
une confiance filiale. Le culte des
saints doit à son tour reprendre sa
place dans les habitudes des populations, et Dieu veut que, fidèle à la

mémoire du plus illustre et du plus saint de ses prédécesseurs, Mᵍʳ Gui- bert, archevêque de Tours, relève la bannière de saint Martin sur son tom- beau retrouvé, et rallie à cet antique et glorieux étendard tout ce qui porte un cœur chrétien. La voix du pieux archevêque sera entendue, le culte du saint thaumaturge ramènera la dévotion au patronage des saints: les siècles à venir, rattachés aux siècles passés, en recevront les inspirations en ce qui concerne les pratiques de la foi, et l'on sera arrivé au complé- ment de la restauration religieuse sous les auspices et par l'intercession de l'apôtre et du patron de la France.

Mais il faut reprendre la suite de ces récits.

Sur l'emplacement où fut l'antique basilique de Saint-Martin, des rues avaient été ouvertes, et des maisons particulières s'étaient élevées. Les vrais fidèles en gémissaient; cependant l'espoir qu'un jour viendrait où le vénérable monument sortirait de ses ruines reposait toujours au fond des cœurs. L'idée d'une réédification sembla prendre faveur en 1822. Une souscription fut même organisée à cette fin; mais on s'arrêta, parce que l'on crut que le point où avait été le saint tombeau était sous la voie publique. En 1854, une pieuse association, approuvée par l'archevêque de Tours, Mgr le cardinal Morlot, se forma, ayant pour objet de distribuer des vêtements aux pauvres.

Elle prit le titre d'*OEuvre de Saint-Martin*, en mémoire de l'héroïque et si populaire partage du manteau aux portes d'Amiens. Cette œuvre renfermait en germe l'idée de la reconstruction de la basilique, idée si chère à tous les archevêques de Tours, depuis le rétablissement du culte en France : l'œuvre de Saint-Martin contribua à renouveler la dévotion pour le saint. On mit plus de solennité aux neuvaines qui précèdent sa fête, le concours des fidèles y fut plus considérable, et l'on recommença à faire des pèlerinages à Marmoutier, à Candes, à Ligugé et à Olivet, où l'on avait découvert une partie du manteau de saint Martin.

Mais le saint tombeau, on en cher-

chait l'endroit, d'après les plans que
l'on tâchait de se procurer en France
et en Angleterre. Enfin, l'on trouva
aux archives de la préfecture d'Indre-
et-Loire le plan géométral de l'ancien
édifice, et l'on put déterminer avec
précision, l'emplacement du tombeau.
Il consta qu'il n'était point sous la
voie publique. En 1857, les maisons
qui occupaient cet emplacement furent
achetées par un membre de la com-
mission formée pour donner suite au
pieux dessein d'un retour au culte de
saint Martin; et, le 8 décembre 1859,
Mgr Guibert, archevêque de Tours,
approuva le projet du rétablissement
du tombeau, et adressa à son clergé
une circulaire dans laquelle il faisait
appel à la générosité de ses diocé-

sains pour un objet si digne de leur piété.

On n'était pas encore en possession de toutes les maisons que l'on avait acquises, quand les fouilles firent découvrir une partie des fondations de l'ancienne basilique. On fut bientôt assuré qu'on était près du lieu où le glorieux thaumaturge avait été enseveli par saint Perpet, l'un de ses successeurs. Dès lors un autel fut élevé sur ce point, et Mgr l'Archevêque y vint le premier célébrer le saint sacrifice, interrompu en ce lieu depuis soixante et dix ans. Enfin, quand on fut maître de la maison voisine de celle où les travaux avaient commencé, de nouvelles fouilles furent dirigées par un habile architecte, qui observait avec soin

tous les vestiges des anciennes fondations. On reconnut toute la courbe
de l'ancienne abside, et enfin, chose
à jamais heureuse! on découvrit sous
des constructions modernes le caveau,
soit le tombeau lui-même, là où on
ne croyait trouver que le sol sur
lequel il avait été construit! C'était
le jour de la fête de la Réversion de
saint Martin; il était onze heures du
soir, plus de trente personnes étaient
présentes dans les caves où l'on tra-
vaillait, et, dans la joie indicible que
l'on éprouva, on entonna spontané-
ment le *Magnificat*, comme pour faire
hommage à la sainte Vierge de ce
bonheur inespéré.

Le lendemain, la Société archéo-
logique de Tours se rendit sur les

lieux, et reconnut sans hésitation la vérité de l'inestimable découverte, qui fut encore constatée ensuite par une foule d'autres observations fondées sur divers documents.

Cette invention du saint tombeau, amenée par un concours de circonstances qui la rend presque miraculeuse, indiqua aux habitants de Tours l'intention de la divine Providence. Il ne fut plus question pour eux de construire, sur le lieu où fut enseveli saint Martin, une simple chapelle, mais une grande basilique, qui reproduisît l'ancien édifice, sinon dans ses vastes proportions, du moins de manière à être digne de le remplacer. Ce fut dans la ville de Tours un vœu et comme un cri général. Le conseil

municipal s'associa à cette pensée qui
tendait à doter la cité d'un beau monument de plus, et à lui rendre le lustre
dont elle avait brillé pendant de longs
siècles. Ses représentants, indépen-
damment de leurs sentiments religieux, étaient justement préoccupés
des souvenirs d'une époque où elle
était le centre chrétien de notre patrie.
Ils savaient qu'elle devait à saint
Martin une partie de sa prospérité et
de sa splendeur; ils étaient heureux
de penser que ces avantages pouvaient
lui être rendus, et ils prirent une dé-
libération qui assurait l'archevêque de
leur concours au moment opportun.

Alors Mgr Guibert est allé à Rome
pour demander les conseils, l'approbation et la bénédiction du souverain

Pontife. Il est revenu apportant avec
lui un bref magnifique qui donne des
encouragements au projet de rétablissement d'une dévotion qui fut toujours précieuse dans l'Église. Pie IX
loue l'entreprise de la construction
de la future basilique, exhorte les
évêques, les prêtres, les communautés
religieuses et les fidèles à aider de
tous leurs moyens à la réalisation
d'une œuvre aussi intéressante pour
tous les cœurs catholiques, et accorde
sa bénédiction spéciale à tous ceux
qui y concourront.

Fort de cette haute approbation,
l'archevêque de Tours ne s'est pas
borné à solliciter les aumônes de ses
diocésains ; il a représenté l'œuvre de
Saint-Martin comme une œuvre na-

tionale en France, et même comme une œuvre catholique, ainsi qu'elle l'est en réalité, et, par l'intermédiaire de ses vénérables collègues dans l'épiscopat, il a demandé que tout le monde apportât sa pierre au nouveau monument. La plupart des évêques de France sont entrés dans ses vues et lui prêtent, par des mandements ordonnant des quêtes dans leurs diocèses respectifs, le secours de leur puissante parole et de leur généreuse sympathie.

Déjà une somme assez considérable a été réunie; et, en attendant que le jour soit venu d'élever la basilique du xixe siècle sur les fondements de celle du xie siècle, une chapelle provisoire pouvant contenir environ quinze cents personnes a été construite au-dessus

Son
rétal

du saint tombeau, et le 15 novembre,
jour de la solennité de saint Martin,
en 1863, le pèlerinage a été ouvert.

On y vient pieusement de beaucoup
d'endroits, et tout fait espérer que ce
concours prendra successivement des
proportions qui rappelleront la foi
et la dévotion des temps anciens.

Mgr l'archevêque de Tours a dit,
dans plusieurs de ses nombreux mandements et circulaires sur la dévotion
à saint Martin, que, dans sa conviction, la résurrection de la dévotion à
ce grand saint serait le signal de la
paix et des triomphes de l'Église. Cette
résurrection marquera un heureux
retour des peuples à la foi, qui a fait
le bonheur de tant de générations.

Saint Martin, qui a le plus contribué

à répandre dans les Gaules les lumières du christianisme et à dissiper
les ténèbres de l'idolâtrie, ne pourrait-il pas, à notre époque de transi-
tion, et par conséquent de rénovation,
être encore particulièrement suscité
d'en haut pour ramener le jour après
la nuit, et produire la lumière au sein
des ténèbres dont l'impiété a obs-
curci les intelligences? Ne pourrait-il
pas être l'apôtre des temps nouveaux,
l'apôtre qui, bien que mort, prêche
et convertit encore, *defunctus adhuc
loquitur?* Pourquoi cette sorte de
mission posthume n'appartiendrait-
elle pas à celui qui, du fond de son
tombeau, n'a cessé de protéger nos
pères, et de nourrir parmi eux les
sentiments que de son vivant il avait

inspirés à ses contemporains? Il parlera aussi à Dieu pour nous, il présentera nos vœux, il s'occupera de nos besoins, il bénira la France et le monde; il fera, s'il le faut, des prodiges. Grand thaumaturge des siècles passés pendant sa vie et après sa mort, il sera encore, pour rendre les hommes à la vie de la grâce, en leur procurant mille autres bienfaits, le grand et glorieux thaumaturge des siècles futurs. Ainsi soit-il!

Tours. — Impr. Mame.

www.ingramcontent.com/pod-product-compliance
Lightning Source LLC
Chambersburg PA
CBHW070754270326
41927CB00010B/2130